Günter von Hummel

Zweimal den Tod überlisten

Ein Traktat zu Sisyphos und zu einer
Selbstpraxis für heute

Die Abbildung auf dem Cover zeigt Sisyphos wie man ihn seit jeher in typischer Weise darstellt. Doch Sisyphos war nur diese düstere und hoffnungslose Gestalt. Camus nannte ihn ‚glücklich' und andererseits könnte man ihm auch List und Weisheit hinsichtlich des Todes zuschreiben.

© 2021, Günter von Hummel
Herstellung und Verlag: BoD, Norderstedt

ISBN 9783754318461
Lektorat: S. Möckel, München

Inhaltsverzeichnis

Einleitung

Der japanische Schriftsteller Yasushi Inoue schrieb Mitte des letzten Jahrhunderts eine Erzählung über einen Mann und eine Frau, die sich zufällig in einem abgelegenen Hotel am Meer trafen ohne zu wissen, dass sie beide die gleiche Absicht hatten: in Ruhe aus dem Leben zu scheiden. Da sein Buch Shi to koi to nami, auf deutsch ‚Liebe' heißt, weiß man freilich sofort, dass die beiden sich verlieben und nicht tun werden, was sie vorhaben. Ist schon die Tatsache eines derartigen Zusammentreffens – sie sind noch zudem die einzigen Gäste des Hotels – recht gekünstelt und wenig plausibel, erscheint mir aber mehr noch das Ende der Geschichte kurios und fast pervers zu sein. Die beiden Protagonisten kommen sich zwar nur auf sehr holprige Weise näher, aber ob jetzt wirklich Liebe im Spiel ist, wird nie ganz klar, obwohl dies die feste und von traditionellem Idealismus geprägte Absicht des Autors ist.

Schon am ersten Abend wissen die beiden um ihre identischen Motive und lassen dies kalt im Raum stehen. Auch nach dem misslungenen Suizid der Frau – durch Ertränken im Meer – am Tag nach ihrem Kennenlernen, halten beide an ihren Absichten weiterhin fest und sprechen aber nur aneinander vorbei. Dafür jedoch, dass der Mann ihr nach dem Missgeschick des Überlebens mit einigen Dingen und Worten geholfen hat, gibt sie sich ihm in der darauffolgenden Nacht hin – ohne jede Liebe, nur aus

Gegenleistung, wie sie sagt. Als er aber dann in der folgenden Nacht von der Klippe ins tosende Meer springen will, war sie ihm heimlich gefolgt und sagt, dass sie ihn nicht zurückhalten will. Wenn er jedoch springt, wird auch sie springen und sterben. So oder so, leben oder sterben, ihr ist alles egal. Und somit kann er seinen Entschluss sich zu töten nicht umsetzen, denn er würde dann ja noch zudem ihren Tod verursachen, sozusagen auch noch einen Mord begehen.

Dieses Argument führt der Autor zwar nicht an, aber meiner Ansicht nach ist es doch klar, dass nicht nur Liebe, sondern auch eine Erpressung mit im Spiel ist: „wenn du dich tötest, töte ich mich auch". Die Frau konfrontiert den Mann in diesem letzten Gespräch mit der Belanglosigkeit seines Tötungswunsches, denn sein Motiv besteht für sie nur darin, dass er ‚entehrt' wurde. Während der Suizidentschluss der Frau durch Liebeskummer entstanden war, ist der des Mannes durch selbstverursachte hohe Geldverluste und die Gefahr strafrechtlicher Verfolgung wegen Bestechung zustande gekommen. In Japan stürzen sich auch heute noch Banker nach Pleiten aus ihren Hochhäusern wegen derartiger ‚Entehrungen', was bei uns eher nicht der Fall ist. Bei uns bringt man sich wegen tiefster Depression, schwersten Verlassenseins oder aussichtslosen Lebensumständen ums Leben.

Aber für die Frau war ihr Motiv stärker. „Ich will versuchen zu leben", denkt der Mann sich letztendlich, auch wenn nicht gesagt wird warum, denn immer noch ist nicht von großer Liebe die Rede. Es musste ja auch nicht gesagt werden, aber man spürt beim Autor die Absicht des ethischen Konstrukts, des Samurai-Ideals, des traditionalistischen Kalküls, dass es um eine ganz besondere, dramatisch entstandene und hochwertige Liebe gehen soll, die die beiden Protagonisten von ihrem Vorhaben – nach dem unendlich kuriosen Zufall ihres Zusammentreffens – in eher erpresserischer und fast perverser Weise abbringen soll. Schließlich lassen sie nur im Sinne einer gegenseitigen Null-Runde von ihren Vorhaben ab: wenn er wegen dieser ‚Entehrung‘ sein Leben beenden will, soll er es tun, sie hält ihn nicht zurück – sagt sie – so wie er sie ja am Tag zuvor auch nicht zurückgehalten hätte. Wie du mir, so ich dir – ohne weitere Erklärungen.

Deswegen, weil mir die Erzählung so durchschaubar vorkam, hielt ich ihren erpresserischen und nüchternen Ausgang für ein wenig pervers. Yasushi Inoue hätte die Geschichte anders schreiben sollen; er hätte zum Beispiel der Frau verbindlichere Worte in dem Mund legen und sie zu dem Mann sagen lassen können: „Gib uns noch einen Tag Zeit, um über unsere Beziehung reden zu können. Dann entscheide, ob du springen willst oder nicht". Danach hätte Inoue auch noch über die ganzen Schwierigkeiten schreiben können, die bei den beiden ja bestanden – Liebesverrat bei der Frau, Totalpleite und Rechtsbruch beim Mann – und dann weiter darüber räsonieren müssen, welche Liebe denn überhaupt noch existiert, wie sie gelebt werden könnte und warum sie nicht anders als so edel und so heilig zum Leser herüberkommen muss.

Man könnte es auch so sagen: wie überhaupt spielt auch in dieser Geschichte neben dem Leben und dem Sterben auch das Regredieren, das Zurückfallen in frühere psycho-physische Zustände, die Rückkehr zum Anfang als solchem, die entscheidende Rolle. Es geht gar nicht um Liebe (welcher Art auch immer), es geht um einen Halt, Wiedergewinnung eines angeblichen Urvertrauens, um mehr als X oder Y (ich wähle diese Buchstaben, weil sie gleichzeitig die Geschlechtschromosomen darstellen, Mann XY, Frau XX, die ja so wichtig sind). Denn in der Bewegung und in dem völlig lautlosen Urschrei, in dem sich beide gegenseitig vom Tod zurückreißen, missbrauchen sie sich auch gegenseitig als Lebende. Sie leben jetzt nur als Kredit, den sie auf den Tod gezogen haben und den sie eines Tages wieder werden zurückzahlen müssen. Oh Gott, ist das Leben trostlos und die Liebe schwierig!

Um die gleiche Problematik geht es auch in dem Film ‚Liebe' des Regisseurs M. Haneke, der allseits hoch gelobt wurde und viele Preise erhielt. Bei dem gezeigten, sehr alten Ehepaar erleidet die Frau einen Schlaganfall und wird zunehmend dement. Der Mann pflegt sie hingebungsvoll, mit viel Engagement und Phantasie, doch gegen Ende dieses empathischen Dramas, nachdem er noch vertraulich zu ihr geredet hat, erstickt er sie mit einem Kissen und legt sie mit Blumen drapiert ins Bett.

Wieder wird also den ganzen Film hindurch etwas beschworen, was wohl ganz tiefe Liebe sein soll, alltagspsychologisch perfekt nachfühlbar und mit angeblich wunderbaren Ausgang, denn der Mann hört ihre Stimme auch nach ihrem Tod und sieht sich auch mit ihr aus dem Haus gehen, usw., was vermitteln soll, alles ist Liebe.

Doch ich weiß nicht, ob man nicht besser sagen soll, dass die Geschichte tragisch oder gar mit einem Mord endet? Denn vielleicht war der pflegende Mann ja lediglich ein Narzisst, der sich in die Rolle des optimalen, umfassend einfühlsamen Helfers nur hineingesteigert hat und am Schluss die wahren Gefühle herauslassen muss: Destruktivität, Kälte, Mord. Denn warum hat er nicht vorher schon einmal mit ihr über die Gestaltung des Lebensendes gesprochen, vielleicht hätte sie eine Sterbehilfe sanfterer und professionellerer Art bevorzugt. Denn ihr einfach ein Kissen draufzudrücken, sie in schreckliche Erstickungsnot zu bringen, ihr wehrhaftes Zappeln noch zu spüren und anderes mehr, kann doch kein Liebesakt sein. Genau dieses versucht der Regisseur aber zu suggerieren, und die meisten Menschen glauben es ihm.

Denn ‚geistig' war sie ja schon nicht mehr da, auch körperlich nicht mehr gesund, und so wird ihr unterstellt, dass es ohnehin ihr eigener, intensiver Wunsch gewesen war, erlöst zu werden. Doch von was wird sie erlöst? Demente Menschen empfinden ihr Weggehen aus dem sozialen Leben, ihren Gedächtnisverlust, ihre scheinbare Monotonie gar nicht so schmerzlich, während es ihre

Umwelt, ihre Angehörigen viel mehr trifft und sie viel mehr unter der Unerreichbarkeit des Demenzkranken leiden als dieser selbst. Schließlich wird ja der Pflegeaufwand immer größer, und wenn man alles alleine machen will, wird es auch maßlos überfordernd und irgendwie sinnlos. Ist es nicht der Mann, der letztlich durchdreht, nicht mehr weiter weiß und er somit seine Frau unter dem Vorwand einer guten Tat schlussendlich umbringt? Müsste der Titel von Buch und Firm nicht ‚Liebe‘, sondern ‚The Deepfakes of Love‘ heißen, die ‚Liebeslüge‘.

Nochmals mit anderen Worten gesagt: Haneke will nicht banal über die schlichte, oft nur romantisierte oder konfessionell verbrämte Liebe reden. Er will die Liebe von einem ‚anders herum‘ aus zeigen. Der Liebesplot wird schon im Titel festgelegt und auch weiterhin vollends festgezimmert. Das Kissenauflegen ist dann nur die logische Folge einer vom Titel bis zum Ende konzipierten und sogar alle Konventionen überspringenden Liebes Tatsächlichkeit. Die Zuschauer müssen unweigerlich dem aufgedrängten Denkzwang des Regisseurs folgen. So wird der Film pervers und übertüncht die im Hintergrund schwelende Aggression und den Hass mit geradezu religiöser Schönfärberei. Wären Narzissmus, Hass oder Ignoranz, diese üblichen Kehrseiten der Liebe, etwas offener mit im Spiel gewesen, wäre aus dem ganzen Film vielleicht eine melodramatische Studie geworden.

Denn dazu würde große, tiefenpsychologische und dramatisch gekonnte Erzählkunst gehören, die hier nicht in Sicht ist, aber vielleicht auch überholt oder gar schwülstig erscheinen würde. So aber wird der Film – alles Abgründige vollkommen versteckend – ein großer romantisierter Erfolg und bewegt die Massen. Wie in Yasushi Inoues Geschichte wird nicht Pathos und Ethos betont oder klar benannt, vielmehr sollen sich beim Leser oder Zuschauer diese Begriffe – sozusagen hintenherum von selbst – einstellen: gedacht oder gefühlt oder gar mit Andacht vernommen. Das Kissen, das Mordwerkzeug, sollte somit nichts anderes als das Siegel, als das heraldische Liebeszeichen sein, auf jeden Fall nichts Liebloses. Wie es mit dem Mann dann weitergeht, kann nicht mehr gezeigt, sondern muss unterschlagen werden.

Denn um diese Unterschlagung zu kaschieren, hat der Mann in der Folge die Halluzinationen von seiner toten Frau, die kaschierte Schuldphantasien sind, wie sie oft bei Mördern und Mörderinnen (z. B. Klytämnestra) vorkommen. In Wirklichkeit hätte er nämlich verzweifelt wirken müssen oder verrückt, selbst wenn die übergroße Liebe und geschönte Empathie tatsächlich stattgefunden und wenigstens irgendwie verbindlich hätte gezeigt werden können. Auch ohne in so hohem Alter den Narzissmus und die Mordschuld erkennen zu müssen, wäre es nur die halbe Wahrheit gewesen und hätte den Film zur Groteske gemacht. Liebeslüge, klar, das ist das große Thema heute.

Kann man es denn nicht alles ganz anders machen? Kann man es (die Kombination aus Tod. Leben, Liebe etc.) nicht kreativ, frei, groß, lustvoll und stark erfinden? Nein, Unsinn, alles nur aufgeputschte Vokabeln. Es muss – statt diesem ganzen Gequatsche und Gerede – ein Sterben und Regredieren in konstruktiver Form geben, in dem man weder tot, noch nahtot, noch verrückt, noch im Liebenswahn oder sonst wie abwegig endet. Die Sache muss nicht todernst sein, aber doch seriös. Davon will ich schreiben und ein Verfahren schildern, das – wissenschaftlich begründet – einen klaren Ausweg, ein klares XundY und eine Liebe auch zum Negativen in ihr selbst liefert. Haben schon Tausende gemacht, wird man abwinkend sagen.

Gut, dann eben zuerst eine Geschichte, die nicht langweilig sein wird, wie es gewiss auch die beiden Erzählungen (Inoues Geschichte und Hanekes Buch und Film) nicht sind. Ich nutze die Berichte über die alten griechischen Heroen, beispielsweise die Sage von Sisyphos (und ein wenig auch die von Prometheus), indem bei ihnen das pralle und lustvolle Heldenleben von dem mutwilligen und rücksichtslosen Treiben der Götter ruiniert wird, die Liebe ohnehin nur todtragend daherkommt und alles schon von vornherein einen perversen touch hat (also ganz modern ist?). Aber eine Liebeslüge wird sie nicht enthalten.

Freilich sind es ausschließlich männliche Götter, die Sisyphos zusetzen, also nur XYs. Hätte man nicht von einer

Göttin schreiben können, die dem heldenhaften Mann zwar nach dem Leben trachtet, die Erzählung aber dann doch in eine Liebe mündet, die – ohne zwischen Mann und Göttin einen Gleichstellungsbeauftragten einschalten zu müssen – in ein regredientes, zurückführendes, Verfahren mündet, das beide über XY/XX hinausgehend verbindet? Egal, ich will mich an die historischen Vorgaben und ihre Deutungen halten und ein ernsthaftes, wissenschaftliches Traktat, eine Anleitung zu Sisyphos und zu einem daraus entwickelten, selbstpraktischen, selbstanalytischen Verfahren anbieten. Vor allem will ich über das Leben im Sterben, also vom Leben nicht n a c h, sondern i m Tod schreiben, insofern er noch nicht ganz gestorben ist. Ob und welche Liebe, welches Leben und Sterben im Spiel ist, wird dann jeder gesichert selbst entscheiden können.

Dass Sisyphos nicht nur für die Qual steht, ständig einen Felsbrocken auf einen Hügel zu wälzen, sondern auch dafür, zweimal den Tod überlistet zu haben, wissen die wenigsten. Dass man diesbezüglich auch für heute etwas von ihm lernen kann, ist noch weniger bekannt. In unseren modernen Zeiten glauben die Menschen, dass man dem Tod vor allem mit der hochentwickelten Medizintechnik und spezialisierten Medikamenten ein Schnippchen schlagen und so das Leben immer wieder ein Stückchen weiter verlängern kann. Doch diese Kalkulation stimmt nicht ganz. Zum einen sind die Medikamente gar nicht so großartig wie man es sich vorstellt, wenn man allgemein gehaltene Berichte darüber liest. Gewiss haben beispielsweise Janus-Kinase-Hemmstoffe die Behandlung der myeloischen Leukämie und ähnlicher Krankheiten enorm verbessert, und auch Biologicals bei Rheuma haben Vorteile, wenn auch vermehrt Nebenwirkungen gebracht.

Nicht so gut schaut es bei den neuen und hochgelobten Checkpoint-Inhibitoren und den CAT-Zellen aus, die gegen bestimmte Krebserkrankungen wirken. Es werden über 90% Nebenwirkungen geschildert, manche davon schwer, auch Todesfälle wurden gemeldet. Oft verlängern neue, hochkarätige Krebsmedikamente das Leben nur um ein paar Monate, der Nutzen ist nur äußerlich, denn die Lebensqualität wird meist verschlechtert. Zum anderen nutzen die Menschen viel zu wenig die Möglichkeiten, das Leben nicht nur äußerlich mit diesen Nachteilen für die Lebensqualität zu verlängern, sondern das Leben innerlich zu steigern und zu seinem eigentlichen Zweck zu erhöhen. Denn die biologische Vita ist nur die eine Seite, immer haben die Menschen sich schon um das wahre, ureigentliche Leben bemüht, das weit über die bloße Vita hinausgeht. Warum das schlechte Leben verlängern, wenn es ein anderes, gutes gibt?

Ich meine damit nicht mystische, esoterische, religiöse und anderweitig kultische Vorgehensweisen, um den Tod in Schach zu halten oder ihn gar ganz zu verdrängen und die Liebe himmelhoch zu beschwören, wie es Yasushi Inoue tut. Dabei schätze ich seine Bücher und seine dem

Buddhistischen und Konfuzianischem zugetane Lebens-
weise, mit der er ein Vorbild für viele Leser war. Ich will
mich jedoch in diesem Buch an die Wissenschaft halten,
wie sie von dem französischen Psychoanalytiker J. Lacan
entwickelt wurde.[1] Ich gehe von seiner Psychoanalyse
aus und bringe zudem – angeregt durch Yasushi Inoue –
meditative Aspekte mit ins Spiel meiner Ausführungen
ein, die letztlich in der Schilderung der angekündigten
Selbst-Praxis (ein Ausdruck des Philosophen M.
Foucault) gipfeln soll.

Der Arzt und Psychologe Carl Albrecht hat Mitte des
letzten Jahrhunderts eine rational kritische Methode der
Selbstanalyse entworfen und jahrelang selbstdeutend
praktiziert, die zwar der Mystik noch verhaftet war, aber
doch bereits als rational deklariert werden kann. Er übte
sich in dem Verfahren des ‚In-Sich-Hineinhörens' durch
Abschalten von Alltagsgedanken und Konzentration auf
einen von innen her kommenden und ausschließlich
wortbezogenen Begriff.[2] Es sollte also von innen ein
bereits fester und mehr oder weniger auch ethisch bedeutender, wörtlicher Ausdruck zu Tage kommen. Albrecht
versuchte gleichzeitig diese ihm zukommenden Worte
rational zu prüfen, um ihnen eine ‚echte' und profunde

---

[1] Es handelt sich weder um eine Natur- noch um eine Geistes-
Wissenschaft. Angelehnt an die Mathematik nannte Lacan sie
eine Konjekturalwissenschaft. Konjektur heißt Vermutung,
man schreitet von einer begründeten Vermutung zur nächsten
fort, bis die letzte Gewissheit gefunden ist.

[2] Albrecht, C., Das Mystische Wort (1951) S. 185

Wertung in einer ganzheitlichen und ethischen Richtung geben zu können.

Bei C. Albrechts Technik eines kontemplativen in sich Hineinlauschens auf das von innen kommende mystische Wort, spürt man jedoch sofort, dass sich ihm durch die ‚mystisch ankommenden Worte' nicht ein wirklich neues, reales Wissen aufdrängt, sondern dass es ein Wissen ist, das er – Freud würde sagen: im Vorbewussten – bereits hat. Die ‚mystischen' Eingebungen wirken nämlich wie Gedichte, die stets etwas dunkel Erhabenes an sich haben wie „Urherz", oder „Oh Stein", „Licht"! Albrechts Worte wiederholen eine feste Pathetik und wecken auch Erinnerungen ans Altdeutsche, an etwas also, das er schon von irgendwoher kennt, z. B. von theosophischer Dichtung oder religiösen Anspielungen her. Er wählt etwas aus, er lässt nicht das eigentlich Unbewusste zu Wort kommen, er ist schon zu bewusst in seinem Wissen, dass seine „ankommenden Worte" etwas Elegisches beinhalten werden und spricht dies dann nur noch aus. Ihm fehlt der Freud´sche oder auch der Sokratische Eros, er verdrängt etwas, irgendetwas traut sich in ihm keine gewagteren Behauptungen zu, und so liest sich sein Daimonion (Sokrates innere Stimme) wie religiöse Lyrik.

Eine wirklich konkrete oder gar mutige Aussage, ein Wissen aus dem Unbewussten, das neu, erschreckend oder treffend wäre, weil auf Platons ‚göttlichen Wahnsinn' zielend oder auf etwas, das man an die Menschen als neu, revolutionierend weitergeben könnte, kommt bei

Albrecht nicht zustande. Es ist wie mit vielen ,meditativen' Methoden, wo das Medium die Botschaft nur aus dem ihm schon vertrauten Vorbewussten holt, nicht wirklich aus dem Unbewussten, dem Transzendenten. Warum sollte sich eine Botschaft aus dem Unbewussten unserer fertigen Sprache bedienen, ist es nicht naheliegender, dass sie zuerst einmal unverständlich klingt, und wir sie erst entziffern müssen? Müsste sie nicht wie eine Fremdsprache klingen? Trotzdem war Albrechts Versuch mutig und interessant.

Ich habe zwar jetzt nicht direkt, aber doch in ähnlicher Weise in seinen Spuren weiter gemacht und versucht, dabei wissenschaftlicher, moderner und psychoanalytischer vorzugehen. Mein Verfahren der *Analytischen Psychokatharsis* besteht aus zwei Übungen, von denen erst die zweite dieses in sich Hineinhören beinhaltet. Ich erkläre diese Methode hier nicht noch einmal in allen Details. Nur so viel: das Hineinlauschen wird durch die erste Übung, bei der es zu einer befreienden, kathartischen Erfahrung kommt, schon in einer „linguistisch-kristallinen" (ein Ausdruck J. Lacans für das Unbewusste) Form vorgeformt. Es werden nämlich *formelartige Wortbildungen* meditiert, die in einem einzigen Schriftzug mehrere Bedeutungen enthalten, so dass man sich beim meditativen Wiederholen auf keine dieser Bedeutungen festlegen kann und bei der reinen – manchmal scheinbar unsinnigen – Grundformulierung bleiben muss. Obwohl sie also aus klarer Sprache (linguistisch) bestehen, lässt sich kein Sinn herauslesen, und so konzentrieren und engen, diese *Formel-Worte* alles Sprachliche auf ein Minimum (kristallin) ein.

Dies fördert jedoch stark die Kontemplation in eine der Psychoanalyse analoge Richtung. Man wird frei von störenden Gedanken und Emotionen, so dass also eine Form der Katharsis, der befreienden Entspannung eintritt. Konzentriert man sich dann in der zweiten Übung auf das ‚Hineinhören', z. B. nur auf einen inneren Ton, kommt es zum Auftreten von wortbezogenen ‚Phrasen', die direkt mit dem Unbewussten zu tun haben. Ich sage ‚Phrasen', weil auch hier, als bezüglich des Unbewussten, Lacan von sogenannten „ultrareduzierten Phrasen" gesprochen hat. Auch bei Albrecht – abgesehen von der unwissenschaftlichen Methodik – waren die ihm zukommenden „Mystischen Worte" knapp und ultrareduziert. Das Unbewusste kennt keine übliche Syntax oder Grammatik, aber seine Aussagen haben Bild- und Sprachcharakter (kristallin-linguistisch), notfalls muss man wie ja selbst Albrecht dies getan hat, rational nachbessern.

```
erz e phil is ch
erz ie her is ch
    Sy phil is
```

Meistens sind diese „ultrareduzierten Phrasen" jedoch so wie es Freud auch von manchen Träumen behauptete: „wie frei vom Blatt ablesbar".[3] Freud berichtet hier von einem Traum, in dem die Formulierung „erzephilisch" vorkam.

---

[3] Freud, S., GW Band II, Fischer (1999) S. 308.

Der Träumer selbst hatte sofort den Einfall, dass hierin das Wort „erzieherisch" und „Syphilis" steckt, wohinter sich ganz deutlich ein Konflikt des Träumers verbarg.[4] Untereinandergeschrieben bemerkt man, dass es sich bei diesen gebrochenen Traum-Buchstaben um etwas handelt, wo wie beim Freud'schen Versprecher Wortklang-bilder ineinander greifen. Dabei schiebt sich in das bewusst geäußerte Wort, d. h. in dessen Wort-Klang-Charakter ein anderes Wort ein, dessen Bedeutung verdrängt war, wodurch eine ganz andere Aussage zustande kommt als das, was einem bewusst ist.

Die Verstellung durch das eingeschobene Verdrängte war hier für den Träumer leicht zu erkennen, allerdings schreibt Freud nichts dazu, was das eigentliche Problem des Träumers war. Schließlich schenkt man nicht so unbefangen einer Frau ein Buch über Prostitution und denkt dann auch gleich noch an Syphilis (wie in Fußnote 4 vermerkt). Aber egal, auch in der Meditation ist es so, dass bei ihr nicht die Verdrängung, sondern die Verschiebung mehr im Vordergrund steht, was bei Albrechts Methode sichtbar ist. Er verschiebt einfach alles ins bewusst Elegische und Pathetische. Dies ist bei der *Analytischen Psychokatharsis* nicht der Fall, die sich zwischen Verdrängung und Verschiebung hindurchzwängt und

---

[4] Der Träumer hatte am Abend einer Frau ein Buch mit dem Titel ‚Über die Prostitution' gegeben, um ‚erzieherisch' auf sie einzuwirken, hatte jedoch dann selbst das Gefühl, dass dies ‚vergiftend' (wie Syphilis) auf sie gewirkt haben könnte.

unbewusste Inhalte zu den „ultrareduzierten Phrasen" hin verschiebt, die mit der Identität des Betreffenden zu tun haben. Der Einfachheit halber erwähne ich gleich im nächsten Kapitel ein Beispiel aus meiner eigenen Erfahrung.

Doch zuvor nochmals ein Hinweis, warum ich vom Leben mitten i m Tod gesprochen habe, also von einem Zustand, der von außen betrachtet als Lebensende gesehen wird und mit Elektroencephalographie und Magnetresonanztechnik auch wissenschaftlich präzise festgestellt werden kann, aber von innen her ganz anders aussieht. Das behaupten nicht nur viele Mystiker oder Mythenerzähler, ich will auch Neurowissenschaftler zitieren und psychoanalytische Argumente anführen, wie im Übergang vom Leben zu einem allerletztlichen Tod noch andere, derart regressive Vorgänge Bedeutung im Sterbevorgang haben. Denn so gesagt lässt sich das Sterben nicht nur erlernen, wie man oft von Esoterikern hören kann, sondern schon lange vorher seine psychische Struktur erfahren.

2. Was bietet Sisyphos an?

„Was bietet Sisyphos an"!? lautete einmal die aus dem Unbewussten auftauchende und von mir in der Meditation so halblaut gedachte oder soll man besser sagen: gehörte Phrase. Mir war sofort klar, dass ich selbst gemeint war, und sich das *Pass-Wort* (so nenne ich diese Phrasen, die infolge meines Verfahrens aus dem Unbewussten auftauchen) in mehrfacher Hinsicht auf meine Situation bezog. Einerseits war ich Sisyphos, weil ich Buch um Buch schrieb, Vorträge hielt und auch ein paar Seminare veranstaltet hatte, aber die Resonanz war mäßig. Viele psychoanalytische Therapien hatte ich durchgeführt und dabei kaum jemanden gefunden, dem ich die *Analytische Psychokatharsis* empfehlen konnte. Denn die Menschen kommen in die von den Krankenkassen anerkannte psychoanalytische Therapie, weil sie reden wollen, und ihnen zu sagen, bleibt zu Hause, macht meditative Übungen und wir besprechen dies dann von Zeit zu Zeit, wollte niemand hören.

Auch in den Vorträgen, zu denen oft dreißig bis vierzig Personen kamen, fand sich nur gelegentlich jemand, der das Verfahren erlernen wollte, und die meisten derjenigen, die doch ein Buch von mir gelesen hatten, fanden es interessant, setzten aber die darin empfohlene Methode nicht um. Ich gebe zu, die erwähnten *Formel-Worte* klingen oft seltsam, sie regten häufig zu Entstellungen an, also zu Reaktionen, die man auch von Psychoanalysen

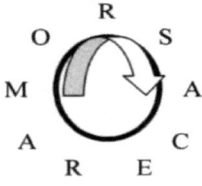 her kennt und die man dort ‚Widerstand' nennt; ‚Widerstand' gegen die aus dem Unbewussten aufzudeckende Wahrheit. Gegen das hier nebenstehend abgebildete und im Kreis geschriebene *Formel-Wort* beispielsweise, dessen Bedeutung ich später erklären werde, wandte sich ein Zuhörer mit der Bemerkung, er höre statt der Buchstabenfolge O.R.S.A.C.E.R.A.M immer das Wort ‚Marmorsauce'. Richtig gemein also, war es doch sehr mühselig gewesen, Formulierungen zu finden, die wie dieses hier aus der lateinischen Sprache mehrere Bedeutungen ausdrücken, je nach dem Buchstaben, von dem man aus zu lesen beginnt.[5] Die Methode wurde allgemein als interessant und intellektuell bestechend angesehen, provozierte aber vielleicht gerade dadurch die besagten Widerstände.

Ich fühlte mich also wie Sisyphos und allein schon diese Erkenntnis erzeugte in mir eine neue Gleichgültigkeit: ich muss ja den Stein meiner Texte nicht jeden Tag auf den Berg wälzen wie Sisyphos es tun musste. Wenn die Sache gut ist, wird sie sich auch so durchsetzen, dachte ich

---

[5] Zum vorläufigen Verständnis hier schon einmal drei der Lesarten: CERA MORSA, gebissenes Wachs, AMOR SACER, die Liebe heilig, MORS ACER, der Tod bitter, ERAM ORSA C, ich war hundertfaches Vorhaben. Auch wenn manches unsinnig ist, wichtig es, dass alle zusammen keinen einheitlichen Sinn ergeben und diesen somit dem Unbewussten überlassen. Weitere Lesarten und Ergänzungen zum Verfahren dazu später.

mir. Und damit dies wirklich passiert, schreibe ich dieses Buch, von dem ich glaube, dass es am verständlichsten von allen bisher von mir verfassten Büchern ist. Denn freilich kann man mir vorwerfen, dass meine Texte nicht ganz leicht zu lesen sind. Aber es geht um etwas, das wissenschaftlich gut begründet und neu ist, und zugleich ein aus der Psychoanalyse abgeleitetes und doch ein zu Hause meditativ selbst zu praktizierendes Verfahren darstellt.

Wie ich noch zeigen will sind Psychoanalyse und Meditation kein Widerspruch. Allein schon die Tatsache, dass der Therapeut seinem Patienten in der Psychoanalyse mit „gleichschwebender Aufmerksamkeit" – wie Freud sagte – zuhören, während dieser sich „frei assoziierend" äußern sollte, zeigt, dass beides eine fast tranceartige, meditative Einstellung verlangt. So hatte ich auch hinsichtlich des „Was bietet Sisyphos an"? das Gefühl, als würde mich ein Kontrollanalytiker fragen, indem er Sisyphos als Symbol des Unbewussten verwendet und indem ich mich gleichzeitig in der Meditation befinde. Es hätte mir überhaupt nicht geholfen, wenn mir irgendjemand geraten hätte, ich solle mich doch mit dem Schreiben und den Vorträgen nicht so übernehmen wie Sisyphos mit seinem Stein.

Ich hätte das zur Kenntnis genommen. Aber ein ‚innerer Satz', der einem so persönlich zukommt und noch dazu so psychoanalytisch rätselhaft weise erscheint, nimmt man ernst. Niemals wird die Wirkung auf das Seelenleben so stark sein, wie wenn sie aus dem eigenen Inneren kommt und auch noch intellektuell einleuchtend ist. Andererseits enthielt dieses *Pass-Wort* noch eine weitere Bedeutung. Denn es hat ja nicht nur geheißen „armer Sisyphos", „was bietet oder bedeutet Sisyphos", sondern was bietet dieser mythologische Typ „an"?! Was ist sein Angebot, besteht es vielleicht nicht nur in der altbekannten Schufterei, zu der ein sadistischer Gott ihn verurteilt hat? Oder repräsentiert er vielmehr ein Generationen überdauertes Vorbild im Umgang mit dem Tod? Denn der Mythos bietet mehr als nur die Schwerarbeit.

Ist er also nicht nur das Paradebeispiel des zwanghaft Arbeitenden, der die Last des Lebens, den gewaltigen Stein, ständig nach oben schleppen muss, wo sie wieder ins Tal herunterfällt. Klingt sein Angebot nicht nach einer seltsamen Verdrehung des Mythos, wie sie übrigens auch Camus einmal deklariert hat. Camus schrieb in seinem Buch ‚Der Mythos des Sisyphos', man „müsse sich Sisyphos als einen glücklichen Menschen vorstellen". Er hat dies – quasi etwas antimarxistisch – auf die Selbstbestimmung des Arbeiters bezogen. Der Arbeiter sollte sich sagen, ich mache meinen Teil, mein Ding, dafür kann ich mich in jeder anderen Richtung selbst bestimmen. Der Mythos von Sisyphos war also ein Angebot an Camus, eine Philosophie der Selbstbestimmung auszuarbeiten, wenn sie auch etwas paradox klingt.

Was Sisyphos mir oder ich als heutiger Sisyphos anbieten kann, betrifft nicht nur dieses *Pass-Wort* als Beispiel einer existenziellen Deutung. Ich fand darin auch den Zusammenhang zwischen Bewusstem und Unbewusstem. Was völlig unbewusst war, war der Anfang des *Pass-Wortes* mit dem „Was bietet Sisyphos . . ." Denn ich habe mich mit dieser Figur seit ewigen Zeiten nicht mehr beschäftigt (sie musste also in der extremen Tiefe meines Unbewussten vergraben gewesen sein). Ich wusste zwar, dass ich mich wohl mit meinem Schreiben etwas überfordere, aber der Name Sisyphos wäre mir dazu nicht eingefallen. Doch das „an" klang nach mehr und bereits aus dem Vorbewussten kommend. So ein kleines Verknüpfungselement stört die Wahrheitsaspekte enthaltende Botschaft aus dem Unbewussten nicht, die ja darin bestand, dass ich Sisyphos war, und zwar hinsichtlich eines Angebots. Nun biete ich nicht an, dass man sich selbst einfach so als glücklichen Menschen vorzustellen hat, aber ich biete an, den Tod zu überlisten. Das ist ein weiterer Aspekt, der mir durch den Mythos eingefallen ist.

Der historische Sisyphos war nämlich König von Korinth und ist nicht nur an seinen Abenteuern, sondern auch an den Frauen gescheitert, was ihn letztlich gezwungen hat, den Tod zweimal zu überlisten. Er konnte nicht anders als die Frauen zahlreich lieben, wenn auch manchmal mit ein bisschen Gewalt. Als er zudem eines Tages – um eine eigene, immer sprudelnde, ‚ewige' Quelle für seinen königlichen Landbesitz geschenkt zu bekommen – dem Flussgott Asopos verriet, dass Zeus dessen Tochter Aigina entführt hatte, schickte Zeus ihm aus Rache den Gott

Thanatos, den Tod. Schließlich war es ja um die Preisga-
be göttlicher Geheimnisse gegangen, selbst Zeus' freche
Taten standen unter Datenschutz! Doch Sisyphos gelang
es Thanatos zu überlisten.

Er ließ sich zuerst von ihm zeigen, wie man die Gestor-
benen in der Unterwelt fesselt, damit sie dort nicht mehr
auskommen, fesselte ihn dann jedoch blitzschnell selbst
nach dessen Methode. Manche sagten, Sisyphos habe den
Tod anfangs betrunken gemacht, um ihm dann die Fes-
seln anlegen zu können. Egal, der Trick funktionierte und
Thanatos war auf jeden Fall nicht mehr fähig irgendetwas
zu tun, kein Mensch also konnte mehr sterben. Erst der
Kriegsgott Ares befreite Thanatos, weil auf den Schlacht-
feldern ja keine Kämpfer mehr gestorben wären, und
nichts war für Ares schlimmer als das! Selbst Verbrecher,
denen man den Kopf abgeschlagen hatte, blieben am
Leben. Verrückt! Doch Sisyphos überlistete den Tod
noch ein zweites Mal.

Nachdem Thanatos befreit war, wurde Sisyphos von Zeus
erneut ins Totenreich geschickt. Doch noch bevor er zum
Hades, zur Unterwelt, hinabstieg, wies Sisyphos seine
Gattin Merope an, ihn nicht zu begraben und keine Be-
stattungsriten durchzuführen. Wenn man den Tod nicht
ernst nimmt, nichts für ein Begräbnis tut, ja dies total
ignoriert, existiert er auch nicht mehr; zumindest war dies
damals die Devise. Sisyphos ging gleich zu Persephone,
der Gattin des Thanatos, die viel empathischer war als ihr
Mann und erklärte ihr, dass es überhaupt nicht in Ord-

nung sei, ihn hier im Tartaros, im Hades, zu halten. Man müsse ihn in die Oberwelt zurückkehren lassen, forderte er und behauptete, er würde in drei Tagen wieder da sein. Persephone gab nach, doch Sisyphos brach dieses Versprechen und lebte lustvoll „viele Jahre" – wie Camus schreibt – „an der Bucht des Golfes, am leuchtenden Meer, auf der lächelnden Erde" in seinem korinthischen Königreich, Er vergnügte sich erneut mit Frau und Kindern und vielleicht auch noch mit einer anderen Geliebten, bis ihn schließlich Hermes auf Geheiß des Zeus, dieses humorlosen Gottes, wieder in den Hades hinunter schaffte.

Dort wurde Sisyphos, der listige und große Held, zu diesem schrecklichen Tun verdammt, einen großen Stein immer wieder auf den Berg, bzw. Hügel wälzen zu müssen, von dem er wieder herunterrollte bevor er ganz oben zu liegen kam. Vielleicht muss man das nicht als Strafe sehen, sondern eher als Sicherheitsmaßnahme, damit er nicht noch ein drittes Mal den Tod überlisten könnte. Arbeitsbeschaffung zur Lebensregulierung waren auch im antiken Griechenland schon bekannt. Es gibt jedoch auch Hinweise, dass diese ganze Geschichte eher mit dem Sonnentitan zu tun hat, der die schwere Sonnenscheibe immer in den Zenit heben muss, wovon sie dann stets wieder in die Nacht langsam herunterrollt.[6] Die damaligen Mythen haben sich oft vermischt, und so wäre

---

[6] Ranke-Graves, von, R., Griechische Mythologie, Rowohlt (1974) Bd. II. S. 26

das Tun des Sisyphos nichts anderes, als eine Beschäftigung, mit der die Welt in ihrem Auf und Ab, in ihrer Höhe und Tiefe, erhalten bleibt.

So gesehen war Sisyphos zwar kein glücklicher Mensch, sondern ein Naturphänomen, das das Leben auf Erden ermöglicht. Noch dazu war ja sein Schwiegervater, also Meropes Erzeuger, der Titan Atlas, der ebenfalls schon so eine welterhaltende Funktion innehatte: er musste nämlich das Himmelsgewölbe für immer auf seinen Schultern tragen. Noch lange vor Newton und Einstein hatte er erkannt, dass es für die Wege der Planeten und der Sonne signifikante Unterstützung braucht. So ragt die Geschichte des Sisyphos in bisschen in die alten Schöpfungsmythen hinein und sind mit späteren, ernüchternden, bieder-säkularen Erzählungen vermengt worden. Sisyphos war also zumindest eine bedeutende Gestalt. So jemand, ein bedeutender korinthischer König und Welterhalter wurden oft zu Göttern erhoben wie es beispielsweise auch bei Herakles der Fall war. Sisyphos ist zwar nicht in den Olymp aufgestiegen, dazu war er einfach zu listig und zu schlitzohrig. Seinen Thronrivalen Salmoneus beispielsweise bezichtigte er lügnerisch der Inzucht und des Mordes und ließ ihn so außer Landes schaffen.

Aber man kann ihn vielleicht doch für einen Heroen halten, so wie man heute selbst Mafiabosse ehrt, die, gerade weil sie wie Sisyphos in der Unterwelt leben, ja auch mit Helden verglichen werden. Sisyphos musste als solcher zwar keine leichte Arbeit tun, war aber nicht wirklich tot, denn wer wirklich tot ist, kann auch nicht arbeiten. Wie Eros war er ein Wesen zwischen Gott und Mensch, ein Wechselspiel, das bei den alten Griechen ohnehin häufig der Fall war. Schon Homer nannte Sisyphos den besonnensten und „klügsten (κέρδιστος) unter den Männern", und das will etwas heißen![7] Homer war kein Schönredner, er stellte Sisyphos als einen Helden hoher Abstammung dar, auf die sich in der Ilias der Krieger Glaukos ausdrücklich berief.

Albert Camus schildert Sisyphos in seinem Buch ‚Der Mythos des Sisyphos' als den Helden des Absurden.[8] Das Absurde war für Camus der entscheidende Wendepunkt, auf den jeder nachdenkende Mensch einmal stoßen und dann erkennen muss, dass das Leben sich trotzdem, ja gerade deswegen, lohnt. Camus interessiert sich für Sisyphos hinsichtlich der Momente des Rückwegs vom Berg, in denen der Held sich seiner Tragik bewusst wird und dennoch aufatmet, weil er spürt, dass er seinem Schicksal, das Absurde in seiner Lächerlichkeit erkennend, „überlegen ist. Er ist stärker als sein Fels", schreibt Camus. Und so möchte ich Sisyphos nicht gerade als Lichtgestalt, aber doch als blutvolles, lebensstarkes Vorbild darstellen, von dem man lernen kann, den Tod nicht nur einmal, sondern mehrmals zu überlisten, denn so

---

[7] Homer, Ilias, Heimeran Verlag (1980) 6. Gesang, 153

[8] Camus, A., Der Mythos des Sisyphos, Rowohlt (2018) S. 141-147

etwas ist – nicht nur um das Absurde zu überwinden – grundsätzlich notwendig.

Ein bisschen denke ich tatsächlich, dass meine Methode der *Analytischen Psychokatharsis* dazu beitragen könnte, den Menschen beim Überlisten des Todes zu helfen. Denn wie Sisyphos sich den Trick, Thanatos zu übertrumpfen, bei ihm selbst abgeschaut hat, so habe ich das Wesen der *Formel-Worte*, die im Zentrum meines Verfahrens stehen, bei Lacan entlehnt. Vom „linguistischen Kristall" als Lacans Definition für das Unbewusste, in dem sich Bild- und Worthaftes engstens kombinieren, habe ich schon geschrieben. Dies ist ja auch mit den „défiles signifiantes" gemeint, mit den Engführungen der *Signifikanten*, von denen Lacan dauernd sprach, und die sich in der Einengung des sprachlichen und bildlichen Sinns der *Formel-Worte* wiederfinden.

Übertrieben ausgedrückt heißt dies, dass alles Geschehen durch einen Engpass hindurch muss, der wohl am besten mit dem Wissen um das Wesen des Todes zu definieren ist. Selbst das ausgeklügeltste Sprechen zeigt dieses Phänomen, in dem Politiker, Fachleute und sogar Juristen ständig aneinander vorbeireden. Wirkliche, ausgereifgte Information kommt kaum durch. Historiker sagen, dass man aus der Geschichte nichts lernt, weil sie nie so erzählt werden kann, wie es für eine einigermaßen präzise Version nötig wäre. Und dass es im Bereich des Bildes, des Imaginären, ebenso ungenau zugeht, braucht man nicht mehr zu beweisen. Ungenauigkeit, Unbestimmtheit, Fake News durchkreuzen das heutige Leben.

Durch die vielen Bedeutungen im *Formel-Wort* kommt es in umgekehrter und absichtlicher Weise dazu, dass keine Bedeutung mehr als eine andere gilt, dass keine präferiert wird, also kein Sinn mehr ausgedrückt werden kann. Ein stärkeres „défiles signifiantes" kann es gar nicht geben, doch ein solches ist im Fall eines Verfahrens wie der *Analytischen Psychokatharsis* wichtig, wie man am besten beim Traum und seiner Deutung sehen kann. Dort kreisen viele Bedeutungen wort- und bildhafter Natur herum, doch ein Sinn kommt nicht zustande, erst beim Abgleichen, Hinterfragen und Anreichern durch Einfälle zum Traum kommt es zu einer massiven Einengung des zunehmend signifikanter werdenden Traummaterials, die die wahre Deutung ermöglicht.

Der Begriff der *Signifikanten* kommt aus der Sprachwissenschaft, und in der Lacanschen Psychoanalyse sind die *Signifikanten* ‚Bild-Wort-Wirkende', also aus Imaginärem (Bildhaftem) und Symbolischen (Worthaften) zusammengesetzte Einheiten, die alles durchdringen. Sie erinnern ein bisschen an das, was die Astrophysiker heute die ‚Strings' nennen, hauchdünne schwingende Saiten, kurz all das, was schon Goethes Faust dazu antrieb, unbedingt „wissen zu wollen, was die Welt im Innersten zusammenhält". Die Welt, das Universum ist die Summe der *Signifikanten*, resümierte Lacan. Sie sind es, die – wie die ‚Strings' in der Physik – die Welt im Innersten zusammenhalten. Es geht einerseits um die ‚kristallinen, bildhaften, imaginären und andererseits um die ‚linguistischen‘, worthaften, symbolischen *Signifikanten*, die alles bewirken. Diese Zweiteilung wird sich durch meinen ganzen Text ziehen, auch um verständlich zu machen, wie man den Tod überlisten kann.

Es ist nämlich vor allem die imaginäre Seite der *Analytischen Psychokatharsis,* die engstens (konkretistisch) mit der symbolischen verbunden durch Einblicke in die unzähligen Formen des Lebens den Tod vergessen machen könnte. Die Herausstellung einer derartigen Engführung, Knappheit, engen Kombination findet sich in keinem anderen, vergleichbaren Verfahren. Das Konkretistische, Verschränkte, eng Ineinandergeschachtelte, gilt auch in der Physik als Zuspitzung, um der Kluft zwischen Geist und Materie eine Verbindungsmöglichkeit zu geben. Ich beziehe mich hier auf die Physikerin K. Barad, die der Komplementaritätstheorie N. Bohrs und W. Heisenberg folgend, kompakte Verschränkungen voneinander entfernter Materieeinheiten, sogenannter Quanten, beschrieben hat. Für sie ist ‚Verschränkung‘ in allen Bereichen des Seins das entscheidende Prinzip.[9]

Man muss hier freilich aufpassen, nicht in esoterisches Fahrwasser zu geraten. Denn mit Barads Auffassungen ist man gedanklich schon nahe daran, sich mit Yoga, Meditation oder irgendeiner Körpertechnik ein ‚Ver-

---

[9] Barad, K., Verschränkungen, Merve (2015)

schränktes Sein' erschaffen zu können, indem im allerletzten Sterbemoment der Rest nur noch wie die Haut einer Schlange abgestreift werden muss, um ein weiteres eigenes Leben führen zu können. Das Konzept der ‚Strings' ist ebenso nicht mehr viel anders konstruiert, und – nennt man sie einmal ‚Ultrastrings' – könnten ideal die Verschränkungsexistenzen sein, in denen unbewusst Psychisches und ultrasubtil Materielles sich verbinden könnten.

Ich komme auf diese Spekulationen noch einmal zurück, weil sie nicht nur im üblichen gedanklichen Phantasieren, sondern auch in den Erfahrungen, die man in den erwähnten Meditation- oder Körpertechniken macht, zu denen auch die *Analytische Psychokatharsis* Bezug hätte, faszinierend sind. Meine eigenen Erfahrungen reichen zwar nicht aus, Definitives zu sagen, aber haben mich schon oft diese Faszination in konkreterer Weise spüren lassen. Die ‚Bild-Wort-Wirkenden' sind dann so verschränkt kombiniert, dass – hätte ich nicht eine fundierte Wissenschaft als Grundlage – man den Faszinationen und Wortphantastereien nachgeben könnte. Aber auch der gesunde Menschenverstand sagt einem schon so, wofür man sich so viele Umstände bereiten soll, unzählige innere Bildwelten anzuschauen.

Kurz zusammengefasst: In der Psychoanalyse geht man von zwei Grundkräften, -Trieben aus, die Lacan den Entäußerungs- bzw. Sprechtrieb und den Wahrnehmungsbzw. Schautrieb nennt. Ich bezeichne sie auch mit symbolischem und imaginärem *Signifikanten*, Wort- und Bild-Wirkendem, denn sie stehen wirkend dem Realen nahe. Das Reale ist nicht die Wirklichkeit, die Realität, sondern das wirkend Zutreffende. Aus ihren Kombinationen und Blockierungen leitet sich alles ab. Sisyphos ist so meiner Ansicht nach eine Bild-Wort-Wirkende Figur, die diese Kräfte auch für die heutige Zeit beispielhaft vermittelt, und dies scheinbar über den Tod hinaus.

Natürlich gibt es irgendwo einmal ein absolutes Ende, selbst wenn dazwischen schon mehrere andere Enden gelegen haben. Auch Sisyphos lebt heute also nur noch als diese hochdramatische Figur, aber Zeus, der Vatergott, was ist mit ihm? Einen Vatergott haben wir ja auch heute noch, auch wenn er seine wilden Verführungsabenteuer mit all den vielen Frauen aufgegeben hat. Er ist ein strikter Moralprediger geworden. Man hat diese Wandlung auf den Übergang von matrilinearen zu patrilinearen Strukturen geschoben, während Freud diesen Übergang vom pubertierenden zum ernsthaften Gott mit dem Konzept des ‚Vatermords‘ erklärte. Die noch jugendlicheren Rivalen um Macht und Frauen hätten den Vater getötet, heißt es bei Freud, ihn dann aber, durch massive Schuldgefühle geplagt, zum universellen Gott erhoben. Vatermord und Mutterinzest könnte man so als die psychoanalytische Methode der ‚Verschränkung‘ bezeichnen. Während Gottvater Zeus sich alles erlaubte, verkehrt der heutige Vatergott – wie Lacan behauptet – nur noch mit Leichen (da die Menschen ja erst nach dem Tod zu ihm kommen).

Nun, so krass wird es nicht sein. Alles dreht und ‚verschränkt' sich wieder einmal im Kreis. Selbst die Wissenschaftler fragen sich, führt in der mathematischen Geometrie nicht die unendliche Gerade wieder zum Ursprung zurück? Ist das Ende nicht schon vor dem Anfang da? Selbst wenn es das von den Psychoanalytikern postulierte ‚Verschmelzungsphantasma' ist, das einen zum Anfang (zum ‚Primärobjekt', zur frühen Mutter, zur Paradiesvorstellung, etc.) zurückführt, ist der Tod doch wie bei Sisyphos nur dann überlistet, wenn die Verschmelzung nur in einer ‚Ultrareduzierung' besteht, in den notwendigen, ganz kompakten, konkretistischen Engführungen der *Signifikanten* (diesen Fleischwolf, durch den alles Unbewusste gedreht wird). Sisyphos sieht ganz genau, dass das Begräbnis samt seinen Riten, Klagen und Trauergesängen das Phänomen ‚Tod' überbaut, übertüncht und ultrareduziert. Und eben auch in den durch die *Formel-Worte* eingeengten Aussagen des Unbewussten, den *Pass-Worten,* ist dies der Fall.

Auch Sisyphos muss dies also schon so gesehen haben, denn er hielt sich nicht an die äußerlichen Spielregeln, die damals die Welt beherrschten und die heute die Naturwissenschaftler, die Materialisten, aber auch die Soziologen, Theologen und hundert andere Wissenschaftler uns auferlegen. Lacan entlarvte den ‚universitären Diskurs', also die sprachliche Ausdrucksform der Universität, als eine Vermittlerfunktion von reinem ‚Immer-Mehr-Wissen-Wollen', als eine Art der „Mehr-Lust" im Bereich von Kenntnis, Wissen, Forschung und Technik, ohne dabei die eigentlich wichtige Wahrheit all dieses Wissens zu befragen. Das Wissen muss doch der Wahrheit dienen und nicht umgekehrt, indem irgendetwas wie Kultur, Physik, Gesellschaft etc. als wahr vorausgesetzt einem nunmehr neuen, profunden, szientistisch erworbenen Wissen untergeordnet wird. Die Wahrheit besitzt eben eine ihr „immanente Entstehungsfunktion", die Sisyphos mythisch-genial genutzt hat, und die wir heute durch Wissenschaft begleitet, gestützt, mitgetragen, aber eben nicht von ihr dominiert, nützen können.

Selbst die Wahrheit seiner sexuellen Abenteuer hat er zu spüren bekommen, und nicht zuletzt deswegen musst er den Tod überlisten. Um nur zwei seiner erotischen Abenteuer zu erwähnen: er vergewaltigte – mas o meno – Antikleia, die Tochter des Autolykos und er verführte auch die in ganz Griechenland wegen ihrer Schönheit bekannte Tyro, die Tochter des Salmoneus. Dieser hatte sich des thessalischen Throns bemächtigt, der Sisyphos zugesprochen war, und so täuschte Sisyphos hehre Liebesabsichten vor, obwohl es ihm nur um die Erfüllung des Delphischen Orakels ging, das ihm geraten hatte: „Zeuge mit deiner Nichte Tyro Kinder; sie werden dich rächen"! So einfach und klar und vor allem effektvoll waren damals noch die sozialen Verhaltensweisen.

Wir müssen uns Sisyphos also doch, wenn auch nicht unbedingt als ganz glücklichen, so doch als wild wahrheitswissenden und von daher wenigstens nicht unzufriedenen und einem Gott ähnlichen Menschen vorstellen. Im Gegenteil zur heute gängigen Meinung, Sisyphos sei ein Negativbeispiel der Antike, war er im alten Griechenland ein Held. Er war ein bedeutender und reicher König im Bereich von Korinth, war ein großer Gönner (er stiftete die Isthmischen Spiele), und er war schlau (er überführte den Autolykos, den Meister der Diebe, der die Gabe hatte, die Farbe der Rinder und ihr Gehörn zu ändern und so nie erwischt werden konnte, indem Sisyphos die Hufe von dessen Rindern markierte). Muss man ihn nicht heute ganz anderes sehen? Ranke-Graves argumentiert zudem, dass Sisyphos wie auch Ödipus versuchten, die matrilineare Verwandtschaftsstruktur durch eine patrilineare zu ersetzen, dass sie also heldenhafte Pioniere waren, die von den matrilinearen Priesterschaften bekämpft und bestraft wurden. Auch das eine Deutung nahe an den Schöpfungsmythen.

So oder so, wer den Tod zweimal überlisten konnte, ist ein großes Vorbild für den Menschen, auch wenn an ihm ein fast schurkenhaftes Image hängen geblieben ist. Das ist es, was Sisyphos mir wohl anbietet und ich weiterführen soll. Was sein Spiel mit dem Tod angeht, lässt daran denken, dass auch Freud mit seinem Eros- und Todestrieb an dieser Thematik ganz nahe dran war. Doch der Freud'sche Todestrieb kann kein aktiver Trieb sein (Eros-

Lebens- sowie Todes- und Destruktionstrieb hießen
Freuds Grundtriebe), ein zum Tod hin gerichteter, aktiver Trieb, erwies sich als eine Unmöglichkeit. Destruktivität kommt vielmehr von den ersten Identifizierungsmo-
di her, wo man das, mit dem man sich das gleiche Objekt
betreffend nicht identifizieren kann, in die Negativität
und Destruktivität verschiebt – und so ist das Todesge-
schehen im Konzept der Psychoanalyse doch ein ständi-
ger Gegenspieler der Lebenslust. Es wird hier vor allem
dem Sprechen, dem Entäußerungs- oder Sprechtrieb zu-
geordnet, indem die sprachliche Kommunikation immer
eine Unbestimmtheit, eine nie völlig perfekte Vermitt-
lungsfunktion beinhaltet.

Man redet also immer etwas aneinander vorbei, und das
ist tödlich. Der Semantiker G. Gamm ist jedenfalls der
Ansicht, dass man überhaupt nichts mit Bestimmtheit
sagen kann, egal von was man redet. [10] Ob man Sätze mit
Betonung, mit autoritärer Macht, mit literarischer Beson-
derheit oder wissenschaftlicher Weisheit vorbringt, immer bleibt ein Rest total verschleiert und trägt sozusagen
den ‚Tod der Verständigung‘ mit sich. Psychoanalytisch
gesehen führt dies dazu, dass nicht nur beim bewussten
Sprechen, sondern auch im Unbewussten, ständig etwas
wiederholt werden muss, um sich Gehör zu verschaffen.
Freud sprach vom unbewussten „Wiederholungszwang",
den er eben ganz nahe an den Todestrieb heranrückte,

---

[10] Gamm, G., Nicht nichts, Studien zu einer Semantik des Unbe-
stimmten, Suhrkamp (2000) S. 227

und der aufgeklärt und gelöst werden müsste, was in der üblichen Psychoanalyse nie völlig gelingt. Wenn es das ist, was Sisyphos mit List überwinden konnte, war er damals schon ein hervorragender Psychoanalytiker.

Denn ich erinnere nochmals an die *Signifikanten*, auf deren Ebene sich ja alles abspielt, was mit den Menschen zu tun hat und deren Summe Welt und Universum darstellen. Gewiss gibt es ein ‚Higgsfeld‘, das man 2017 im LHC in Genf physikalisch nachweisen konnte und das alle Elementarteilchen festlegt. Und man kann sicher auch mit gleicher Definiertheit und Recht von Gott und den Regularien der Gesellschaft sprechen, doch den ‚Bild-Wortwirklichkeiten‘ kommt man dabei nicht aus. Zu Recht hat jemand einmal behauptet, wenn es diese ‚Bild-Wortwirklichkeit‘ M o n d nicht gäbe, würde der Erdtrabant nicht existieren.

Man würde zwar gelegentlich irgendetwas Helles am Firmament sehen, einen Fleck im visuellen Gesamtbereich, eine Lumineszenz unter anderen Lumineszenzen, aber M o n d? Mond was? Ja Mond, ein wirkliches Ding, das ein Absprengsel der Erde ist, eine Riesenkugel, die von der Sonne beschienen die Erde umkreist, eine eigene, zentrale Lichtscheibe, die jetzt definitiv erfasst werden kann, weil sie einen eigenen Namen hat. Ohne Name kein Sein. Das war es ja auch gewesen, was Sisyphos dem Tod gegenüber ausnutzen konnte, als er zu Persephone sagte, wo keine Beerdigung, kein Ritus, kein Sterbegebet existiert, gibt es auch keinen Tod. Und solange ich mit dir noch verhandeln kann, existiert ein Zwischenreich, in dem man schon tot geglaubt wird, aber doch noch einmal zum herrlichen Leben auf der Erde zurückkommen kann. Ist nicht Orpheus, um seine Eurydike aus dem Hades zu holen, auch so weit ins Totenreich gelangt, dass er mit seiner wunderbaren Musik Cerberus, den Höllenhund, derart besänftigen konnte, dass dieser zu bellen vergaß und Tartaros Orpheus dann auch erlaubte, sein Weib mitzunehmen.

Viele Nachbarn wären jedenfalls heutzutage froh, wenn sie mit Klängen und Schmeichelworten den Hunden das Bellen vergessen lehren könnten. ‚How to Do Things with Words‘, dass man mit Worten, Klängen, Wirklichkeiten erzeugen kann,[11] gilt sogar in der Mathematik, wo man glaubte, nur Zahlen und ein paar Rechenzeichen wie + oder – zu benötigen. In Wirklichkeit muss man Axiome aufstellen oder gar Algorithmen, Rechenregeln sprachlich formuliert. Nun denke ich, dass gerade, wenn man Gedanken und Emotionen und alles sonst ausschließt wie in einer Meditation, irgendetwas *Signifikant*es dennoch auftaucht und sich meldet wie also beispielsweise: „Was bietet Sisyphos an"? Außer der mythischen Geschichte, die von seiner Größe, aber auch von seinen Schandtaten handelt, fielen mir auch ein paar Dinge aus früheren Jahren ein, die ich wohl noch durcharbeiten müsste: habe ich nicht auch mal versucht mit dem Sex den Tod zu überlis-

---

[11] Austin, J. L., How to Do Things with Words, Urmson (2018)

ten, denn auch so muss man ja Sisyphos Liebesabenteuer verstehen?

Ja natürlich, das ist wohl der Sinn von Sex überhaupt. Besteht nicht die Strafe des Sisyphos – wenn man sie im übertragenen Sinne deutet – gerade darin, das ständige erotische Begehren, die Sex- und Liebessucht, das ‚Lust-objekt' auf die Höhe zu schleppen, wo es allerdings immer wieder herunterfällt, verloren geht und doch nicht verschwindet, denn die Befriedigung währt nur kurz? Ja und nein. Sisyphos liebt seinen Fels, seinen Stein, denn „es gibt kein Schicksal, das nicht durch Verachtung (mépris) überwunden werden kann", schreibt Camus. Mépris heißt auch Geringschätzung, denn Sisyphos misst der ganzen Sache keinen hohen Wert zu, für ihn ist die Überwindung des Todes das Wichtigste.

Lacan betonte ja auf jeder dritten Seite seiner Bücher, dass der Sex gar nicht existiert, weil sich nichts davon logisch sagen, aufschreiben, definieren lassen würde. Die sexuelle Beziehung würde immer wieder versagen, ständig daneben gehen, nie nachhaltig befriedigen, weil der Mann immer auf dem Höhepunkt (auf Sisyphos' Hügel) seiner Angst ejakuliert, indem er nicht mehr weiter weiß. Die erotische Beziehung nannte Lacan daher eine „Freud'sche Fehlleistung", einen Patzer, ein Nichtgelin-gen, eine Scheinbeziehung, denn auf dem Höhepunkt wird der Mann zu einem hilflosen Kind, das oft auch noch eine ganz törichte Phrase lallt. Und die Frau weiß, dass es jetzt wieder nichts war mit der intimen Gemeinsamkeit. Aber auch mit seiner Gier nach Geld und Ruhm weiß der Mann ausgerechnet am Höhepunkt seines Erfolges meist nichts mehr anzufangen. Auch das zeigt Sisyphos als menschlicher Herrscher.

In Freuds Bestreben ging es um nichts anders, als die Überbewertung des Sex als eines „Erniedrigers im Liebensleben" aufzuzeigen. In einem Traum seiner berühmten Patientin Dora brennt die elterliche Wohnung, die Mutter will noch schnell ihr Schmuckkästchen retten, worauf der Vater so ungefähr sagt: sollen wir wegen deines blöden Kästchens verbrennen? Das Kästchen symbolisiert das weibliche Organ, und es ist der Mann, der Angst hat, es zu verlieren. Und genau aus diesem Grund musste Dora lesbisch sein, weil sie sich ebenfalls sagte: soll ich wegen dieses dummen Dings eine Ehe mit einem Mann eingehen müssen? Sex kann todunglücklich machen, denn wie der Sex gibt der Tod keine Antwort.

Wenn ein zweihundertfacher Milliardär wie Warren Buffet nur eine Milliarde verliert, ist er genauso todunglücklich, und zwar deswegen, weil es eben M i l l i a r d e heißt und nicht ein Euro von Zweihundert. Wenn man von zweihundert Euro einen verliert, stört das überhaupt nicht, die Relation ist aber die gleiche. Es verhält sich wie mit dem Mond, indem das Wort mehr als die Realität den Schrecken des Verlustes bestimmt, nicht das wirkliche Verhältnis des Geldes. Nicht die Zahl, aber das Zahlwort tut das seine. Der Milliardär liebt gar nicht sein Geld, es erregt ihn nur, es ist sein Fetisch, er nimmt es zu ernst. Er ist pervers. Der Lebenszweck, das Heroenziel als solches, wird davon eigentlich gar nicht entscheidend tangiert. Sisyphos dagegen liebt seinen Stein, aber er respektiert ihn auch. Auf jeden Fall ist er das Symbol des Versuchs zu siegen. Doch zurück zum Hauptthema, zum Überlisten des Todes.

3. Das Leben im Sterben

Den Tod zweimal überlisten soll kein haltloses Statement
sein. Ich nehme den Satz ganz ernst, wenn ich ihn auch
nicht so auffasse, wie es ein ultraorthodoxer Christ oder
Moslem tut, der von einem ganz bestimmten Leben nach
dem Leben, das er gerade führt, wiederholt träumt. Um
zu verstehen, was das Jenseits ist, meint Lacan, muss
man zwei Tode im Diesseits sterben oder besser gesagt:
erfahren haben. Denn den letzten Tod erlebt man nicht,
das allerletzte Ende hat auch Sisyphos nicht mitbekom-
men. Er ist nur zwei Tode schon vorher gestorben, und
das war ganz in Lacans psychoanalytischem Sinne gemeint. Lacan hat die Idee mit den zwei Toden von dem
berüchtigten Marquis de Sade übernommen, der behauptete, ein normaler Tod genüge für einen perfekten Mord
nicht, man müsse den Toten dann auch noch völlig zertei-
len und zermörsern. Es entstünde sonst Leben ja wieder
aus den gleichen Bausteinen, die bei diesem ersten Sterben noch erhalten geblieben sind und damit würde eine
totale Neuordnung nicht möglich sein. Denn die ist notwendig, wenn man die katastrophische Welt von damals
wie von heute betrachtet.

Nun ist die Auffassung des guten Marquis wenig rele-
vant, denn wenn das letzte Wort, das der Gemordete und
Zermörserte noch vor sich hin hauchen konnte, gehört
wurde, könnte es ewig überleben und von den Bausteinen
zumindest noch so viel künden, dass von der totalen Aus-

löschung keine Rede mehr wäre. De Sade wusste nicht, dass Gerüchte unsterblich sein können, wie es der Religionsphilosoph R. Spaemann von Gott behauptete. Seine These, Gott sei ein „unsterbliches Gerücht" war nicht negativ gemeint. Im Gegenteil, nichts lebt mehr und leidenschaftlicher als das, was hinter vorgehaltener Hand geflüstert und getuschelt wird. Und wenn das Gerücht noch dazu unsterblich ist, passt es doch viel besser zu Gott als die Abziehbildchen eines alten, bärtigen Mannes, dessen Sprüche jeder auswendig kennt. De Sades zweiter Tod ist nur ein Vernichtungswahn, der Lacan nur als Modell für den ersten Tod diente, also für den, der klar definier- und durchschaubar sein sollte, um Diesseits und Jenseits exakt unterscheiden zu können. Dieser erste Tod hat also mit dem Regressiven, dem zu psychischen Anfängen Zurückführenden, zu tun.

Die Geschichten um die zwei Tode erinnern auch sofort an die Diskussion, die derzeit wieder einmal über die sogenannte Organspende geführt wird. Die als ‚Widerspruchslösung' bezeichnete Organentnahme, die bei jedem plötzlich Verstorbenen oder Unfallsopfern vorgenommen werden kann, wenn kein Widerspruch gegen die Entnahme vorliegt, wird von sehr vielen Menschen deswegen abgelehnt, weil sie sagen, dass der endgültige Todeszeitpunkt nicht klar festzustellen ist. Daran würden auch moderne neurologische Techniken zur Bestimmung des Hirntodes nicht ausreichen. Selbst funktionelle Kernspintomographien würden diesbezüglich nichts ändern, und wenn man es sehr genau ergründet, haben die Kritiker nicht unrecht. Man sollte den Toten nur noch eine beträchtliche Zeit ruhen lassen, bis man von einem wirklichen Ende sprechen kann, das heißt, bis er seinen wirklichen zweiten oder mehrfachen und schließlich allerletzten Tod erreicht hat.

Als Arzt habe ich viele Menschen sterben sehen, und bei manchen, die noch lange zu Hause liegen blieben, konnte ich die Auffassung der Angehörigen teilen, dass beispielsweise der Gesichtsausdruck des Toten sich nach einiger Zeit noch leicht verändert hatte und in einer ganz anderen Weise beeindruckte, als zu dem frühen Zeitpunkt, an dem man spätestens eine Organentnahme hätte durchführen müssen. Oft war die Mimik entspannter oder wirkte beruhigender als in dem Moment, den man als sein äußerlich wahrgenommenes Absterben hätte ansehen müssen, um noch rechtzeitig zum transplantativen Eingriff zu kommen. Es ist wohl doch etwas dran, dass die ‚Seele‘ den Körper in einem erst etwas späteren Augenblick ‚verlässt‘, wie es religiöse Vorstellungen nahelegen.

Es ist nur das Wort ‚verlassen‘ nicht ganz richtig gewählt, denn ich glaube, dass die ‚Seele‘ noch im Gehirnstoffwechsel verbleibt, wenn man diesen als in einen minimal-molekularen Zustand oder selbst in einer noch darunter liegenden, vielleicht ganz unbewussten Ebene befindlich erfassen kann, wo subtile Vorgänge noch um Etliches weitergehen, als wir es heute definitiv konstatieren können. Der so Daliegende und noch nicht durch die klassischen Zeichen wie Leichenflecken und Totenstarre ärztlich gekennzeichnete und in der Todesbescheinigung deklarierte Verstorbene, benötigt vielleicht wirklich noch etwas Zeit für sich, bevor wir ihn wirklich zur Bestattung freigeben. Ja, selbst nach dem durch modernste Technik(EEg, Angiographie etc.) festgestellte Tod scheint noch irgendeine Art von Leben eine Zeit lang weiter zu bestehen. Bei vielen Arten der Organentnahme ist diese Zeit jedoch deutlich verkürzt.

Erst vor kurzem (Karwoche 2019) veröffentliche der Neurowissenschaftler Nedan Sestan in der renommierten Fachzeitschrift *Nature* einen Artikel, worin er beschrieb, wie Gehirnzellen bei Tieren Stunden nach deren Tod und damit ohne Sauerstoff noch neurologische Lebenszeichen von sich gaben. „Die Forscher entnahmen Gewebeproben des Gehirns und konnten zeigen, dass dessen Neuronen nach entsprechender Stimulation elektrische Signale austauschten. Der Sterben der Gehirnzellen nach Sauerstoffmangel sei offenbar ein schrittweise Prozess".[12] Es ist also nicht nur ein Gehirnstoffwechsel vorhanden wie ich oben anmerkte, sondern es existiert ein Informationsaustausch im neuronalen Netzwerk des Gehirns.[13] Dieses kann aber auch Bezug haben zum Netzwerk des Unbe-

---

[12] Albrecht, J., Brendler, M., Bericht in der FAS vom 21. 4. 2019. S. 53

[13] Man hat immer schon von Sterbestadien gesprochen, aber ein wissenschaftlicher Beweis ist mehr wert als der Mythos.

wussten, das ja ein Netzwerk aus Wort-Bild-Wirkenden ist oder eines aus Bestandteilen der Topologie.[14]

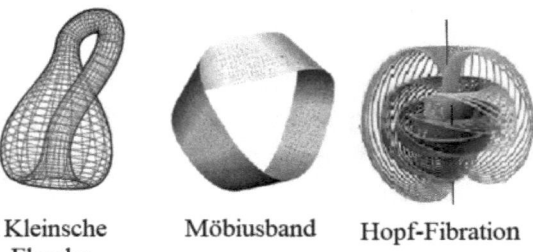

Kleinsche   Möbiusband   Hopf-Fibration
Flasche

Die Topologie hat viele konkrete Beziehungen zu neuronalen Netzwerken und zum unbewusst Psychischen. Lacan hat viele psychisch-unbewussten Strukturen mit topologischen Figuren erklärt, da diese Bild-Wort-Wirkenden seelische Aspekte wie zum Beispiel Anspruch und Begehren als die zwei Seiten einer einzigen Fläche darstellen (siehe Abb. oben, wo verschiedene Topologien gezeigt sind). Und tatsächlich hat ja auch der deutsche Nobelpreisträger K. von Klitzing selbst in physikalischen festen Körpern derartige Strukturen nachweisen können (sogenannter Quanten-Hall Effekt), was wiederum an Barads Verschränkungsrealitäten erinnert, die sich gut in solchen topologischen Strukturen kombiniert finden, egal wie und was in den verschiedenen Wissenschaften dazu gefunden und gesagt worden ist. All dies dient nur einer

---

[14] Hummel, von, G., Phonem & Pixel, BoD (2019), wo ich Bezug nehme auf die Einstein'sche Geometrie, die Strukturen zeigt, wie sie wohl zwischen Unbewusstem und Gehirn existieren.

allgemeinen Anschaulichkeit für das Verständnis energetischer, netzartiger Verteilungen..

Denn viel wichtiger ist, was in der Diskussion über diese neurowissenschaftliche Studie von N. Sestan in Nature weiterhin ausgesagt wurde. Zum einen, dass diese Neuronensignale bis zu sechs Stunden nach dem Tod des Tieres und damit ohne Sauerstoffversorgung nachgewiesen werden konnten.[15] Zum anderen wurde argumentiert, dass in dieser Zeit nach dem Tod trotz der andauernden Reaktionszeichen mit keiner Art von Reanimation wieder wirkliches Leben, also Gehirntätigkeit mit „höheren Funktionen" zu erwarten sei. Was sollte es für einen Sinn haben, so ein minderwertiges Leben weiter zu erforschen? Das Leben sei damit so oder so beendet und damit sei die Studie nicht sehr interessant, behauptet der Autor. Aber was heißt hier wirklich beendet und was heißt zudem „höhere Hirnfunktionen"?

Wie an den Begriffen Regression, seelisch Rückkehr, Involution zu frühkindlichen Erfahrungsstadien erwähnt, sind solche Zustände in Psychologie und Neurologie ja als für gewisse Erholungs- und Wiederherstellungsvorgänge bekannt, sind notwendig und sind viel wichtiger,

---

[15] Ich gehe davon aus, dass es beim Menschen nicht um eine so lange Zeit geht. Vor allem, wenn man den darin bestehenden wertvollen Teil berücksichtigen will, handelt es sich vielleicht nur um etliche Minuten. Doch dabei rechnet man mit der fixen Zeitrechnung der alltagsbewussten Psyche und nicht mit der, die in diesem Zwischenreich erfahrbar wird.

als die voll bewusste geistige Verfassung. Man spricht dann zwar nicht von ‚tieferen Hirnfunktionen', sondern von elementareren, ursprünglicheren oder – wie Freud es tat – vom „Urverdrängtem", also einem Zustand psychoanalytischer Notwendigkeit, mit der dann die weniger verdrängten Bereiche erklärt werden können. Gerade diese elementareren Zustände sind für das Leben im ursprünglichen Sinne, im Unbewussten und neurologisch zentraleren Hirnregionen bedeutsam und wichtig. Vor allem der Neurologe A. R. Lurija hat einen Zusammenhang von Gehirn und Unbewussten schon vor Jahrzehnten begründet, der das Freud'sche ‚Es', also das Reservoir der Triebkräfte mit Mittel- und Zwischenhirnregionen in Beziehung setzte. Es geht also nicht um das Großhirn und seine sogenannt „höheren Hirnfunktionen", die wesentlich für die Basis des Seelischen sind, sondern eben um die elementareren Funktionen.[16]

Das Ich, Ichideal und Überich, das planende und alles überdenkende Frontalgehirn, genauso wie die isolierte Wort- und Bild-Verarbeitung (im Temporal- und im Hinterlappen) stören das Grundseelische nur, das im Traum, aber auch in Meditation, bei bestimmten religiösen Erfahrungen, in der Psychoanalyse und vor allem auch im Sterbevorgang zum Zug kommt. Ganz besonders aber ist dieser Aspekt wichtig, wenn es um das Leben im Sterben

---

[16] Es ist erstaunlich, andererseits aber sehr anerkennenswert, dass eine so renommierte naturwissenschaftliche Zeitschrift wie Nature den Artikel von N. Sestan veröffentlicht hat.

geht, dass ich wie erwähnt am liebten sogar als das Leben i m Tod (im Gegensatz zu einem n a c h dem Tod) bezeichnen würde. Für eine mögliche Reanimation und Rückkehr zu sogenannten „höheren Hirnfunktionen" (mit denen ja zudem oft die schrecklichsten Dinge getan werden) spielt diese Art des Lebens demnach natürlich keine Rolle mehr. Aber das ist ja auch nicht nötig. Vielleicht handelt es sich sogar um eine der wichtigsten Phasen im rein elementar Psychischen.

Doch umso wichtiger ist diese noch stundenlang andauernde Phase neuro-psychischer Vorgänge, wie Sestan sie erforscht hat. Im Volksmund hat es immer schon geheißen, dass in den letzten Momenten des Weggehens, Wegdriftens, das ganze Leben nochmals wie in einem Film vor einem abläuft, doch ich glaube nicht, dass es sich so verhält und es auch nichts bringt, denn es vermittelt ja keine Lösung. Dies ist auch der Grund, warum ich von den Schritten gesprochen habe, mit denen man das Sterben schon vor dem allerletzten Tod erlernen kann, also bereits ähnliche Erfahrungen mit Regression, seelischer Zurückziehung und Verarbeitung primärer psychischer Strukturen gemacht hat.

Zwischen dem Leben mit „höheren Hirnfunktionen" und dem endgültigen Tod besteht also offensichtlich ein vielleicht ganz ausgedehntes Zwischenreich. So könnte man auch sagen, dass man das Leben überlisten muss, selbst im Tod (oder zumindest im Sterben) noch etwas zu überdauern. Denn was wir brauchen ist ein Subjekt

‚ohne Kopf', wie Lacan sagt, also ohne Kopflastigkeit wie es die höheren Hirnleistungen" darstellen.[17] Zuviel Denken, Kalkulieren, rauf und runter fühlen oder gar Grübeln ist doch nur hinderlich. Das unbewusste Wahrheitswissen drängt nach außen, aber direkt (vom Irrationalen zum Rationalen) – wie oben betont – kann das Unbewusste solch eine Bewusstwerdung im Sterbezustand nicht mehr leisten. Dafür aber findet die Seele in diesem .Zustand die perfekte Verschränkung von innen und außen, d. h. sie nimmt diesen Unterschied nicht mehr für wichtig und kreiert noch die wesentlichsten Kombinationen dieser beiden Grundelemente.

Es braucht dieses Instrument der Kombination des Wort-Bild-Wirkenden, diese rein formale "Schlüsselsatz"-Maschine,[18] um den Funken des wirklichen Sinns zu erzeugen, wobei die Sinnspitze, die eigentliche Metapher, besonders dadurch erreicht wird, dass "die größte Disparität der bezeichneten Bilder gefordert ist". Das heißt, um volle Wirkung im Unbewussten zu erzielen, darf das oben als Beispiel erwähnte O.R.S.A.C.E. R.A.M nicht in einem vordergründigen Sinn zusammengehen, vielmehr muss durch die große Disparität der darin enthaltenen Bedeutungen provoziert werden, dass das Unbewusste selbst s e i n e n , den je ihm eigenen

---

[17] Lacan, J., Seminaire XI, Seuil (1964) S. 165
[18] Freud sprach von „Schlüsselsätzen" im Traum, wozu man gar keine Deutung mehr braucht, sondern die man wie die *Pass-Worte* vom Blatt ablesen kann.

Sinn herausgeben kann (so deutet ja auch der Analytiker aus dem Unsinn des Traums den wahren Sinn des Träumers heraus).

Ein derartiger Vorgang wird aber auch im Sterben produziert, wo die Seele nicht durch das Bewusste gestört werden darf, und alles damit davon abhängt, wie weit sie sich im Leben davor schon in einer geeigneten, gelungenen, optimalen Wort-Bild-Kombination gefunden hat. Von dem Leben im Tod hat also vorwiegend der etwas, der darauf schon vorbereitet ist, was nicht ausschließt, dass die Mehrheit der Menschen, die das übliche Leben zu einer guten Reife gebracht haben, genauso davon profitieren. Eine Hilfe kann jedoch das Verfahren der *Analytischen Psychokatharsis* dennoch sein, weil der Begriff Reife dadurch noch weiter gefasst werden kann.

Auch Schopenhauer stellt das reine Subjekt, also das Subjekt ‚ohne Kopf‘, als unsterblich dar: „Zwar ist der Raum nur in meinem Kopf; aber empirisch ist mein Kopf im Raum". Der Kopf wird also nivelliert zugunsten der „Vorstellung, die das Ursprüngliche ist, welches in Objekt und Subjekt zerfällt. Das *Subjekt* ist dasjenige, was alles erkennt und von keinem erkannt wird. Es ist der ‚Träger der Welt‘, die Bedingung alles Erscheinenden, alles Objekts. Das empirische Subjekt ist nur Erscheinung, durch den Organismus bedingt. Das ‚reine Subjekt des Erkennens‘ hingegen wird niemals Objekt, ist zeitlos, überindividuell, willenlos, unerkennbar, Korrelat der ‚Idee‘, dem Satz vom Grunde nicht unterworfen, ewig

Das Subjekt erkennt sich nur als ein Wollendes, nicht, als ein Erkennendes".[19]

Mit anderen Worten: Das Diesseits hört im Körper (Gehirn) erst ganz langsam dort auf, wo ebenso langsam das Jenseits anfängt, so dass der Strebende mit beiden Zuständen ganz subjektbezogener Art vertraut ist, wenn er gelernt hat, gut zu sterben. Denn das muss er schon ein bisschen erlernt haben, die Zeit am Schluss reicht vielleicht sonst nicht aus, um ‚erfahren', gereift, geklärt und mit reduzierteren Hirnfunktionen sterben zu können. Mit den zwei Toden im Diesseits ist also etwas gemeint, das vielleicht jeder ohnehin in seinem Leben nicht nur einmal erfährt, wenn er in großen Krisen, Krankheiten, Depressionen, Verzweiflungen, körperliche Verletzungen und vieles andere schwer Beeinträchtigende geraten ist und schon gelernt hat, um was es wohl beim Sterben geht.

Gerade in so einem Verfahren wie der Psychoanalyse wird man ja in einen regressiven Zustand versetzt, in eine Rückkehr zu frühesten kindhaften Erfahrungen und deren Bedeutungen, so dass man hier von einem Sterben mitten im Leben, mitten im Sprechzimmer des Therapeuten reden kann. Noch mehr gilt dies für die von mir inaugurierte Methode der *Analytischen Psychokatharsis*, die man ja weitgehend allein zu Hause übt, und bei der man in einen fast gleichzeitig regressiv-progressiven Zustand

---

[19] Schopenhauer, A., Über die vierfache Wurzel des Satzes vom zureichenden Grunde, Hofenberg (2016)

gerät, der also zurückführt und der doch im selben Moment auch eine fortschrittliche Erfahrung – dank der präzisen, kompakten *Formel-Worte* – einschließt, die im Weiteren in die Erfahrung der Identitäts-, bzw. *Pass-Worte* mündet.

Auch in der Sage von Orpheus und Eurydike spielt dieses Reich zwischen Leben und Tod eine große Rolle. In diesem Mythos steht eine intensive Liebe im Mittelpunkt, auch wenn die beiden sich liebenden Protagonisten, Orpheus und Eurydike, dann doch nicht weiter in Liebe verbunden bleiben konnten. Bekanntlich setzte Orpheus in ebenso fataler Weise seine ‚höheren Hirnfunktionen' (seine musikalischen Kenntnisse) ein, nämlich die Rückversicherung, den logischen Rückblick, dass seine Frau ihm wirklich ins Leben folgen würde, und damit funktioniert – wie vorhin gesagt – das Ganze nicht, nicht mehr. Die Sage spielt aber genau in solch einem Zwischenreich, in dem Lebende hinein und Tote wieder herauskommen könnten – modern gesagt – ein Wechsel von psychischer Regression und Progression.

War vielleicht die Liebe nicht stark genug? Im Tibetanischen Totenbuch geht es ebenfalls auch um dieses Zwischenreich, hier jedoch um die Zeit zwischen Tod und Wiedergeburt.[20] Und es handelt sich um die Liebe zu bestimmten Göttern und nicht um eine unter den Menschen. Ganz offensichtlich gingen die tibetischen Mönche

---

[20] Hauf, M., Das Tibetanische Totenbuch, Piper (2003)

aber davon aus, dass der Sterbende in dieser Anfangsphase noch laut vorgetragenen Sprüchen und Gesängen zugänglich ist. Auch andere Mystiker haben derartige Formulierungen wie die vom ‚Sterben im Leben' oft gebraucht, der Apostel Paulus meinte sogar, er „stürbe täglich in Christus".

Nun täglich ist wohl zu viel, seine Regression-Progression dauerte wahrscheinlich nicht lange, so dass man sie täglich wiederholen musste. Ich muss zugeben, dass für die *Analytische Psychokatharsis* auch tägliche Übungen ganz gut – wenn auch nicht notwendig – sind. Es werden auch immer wieder Seminare, Bücher und Kurse angeboten, die das Thema ‚Sterben lernen' zum Inhalt haben. Am bekanntesten und anfänglich auch am fundiertesten zum Thema Sterben waren und sind auch heute noch die Ausführungen der Medizinprofessorin und Psychiaterin E. Kübler-Ross vom Ende des letzten und Anfang dieses Jahrhunderts. Sie sprach mit zahlreichen Sterbenden, erforschte die unter-schiedlichen Sterbensphasen und veröffentliche wissenschaftliche Arbeiten darüber.[21]

Noch Mitte der siebziger Jahre wandelte sich die professionelle Psychiaterin jedoch zur New-Age-Heilerin. Sie sagte, dass der Tod nicht existiert und gründete zweimal ‚spirituelle Zentren', in denen sie die Begegnung und Überwindung des Todes mit bis zum Spiritismus und zu vollkommen geistigen Abstraktionen gehenden Vorstel-

---

[21] Kübler-Ross, E., On Death and Dying, SCRIBNER (2014)

lungen lehrte. Beide Zentren wurden jedoch schon bald nach ihrer Eröffnung durch Brände völlig zerstört, so als hätte im Sinne eines schlechten Omens das Jenseits gegen ihre neue Lehre gewütet, um zu zeigen, was einen dort erwartet. Nach einem Schlaganfall und zunehmenden schweren Krankheiten wurde Kübler-Ross gegen sich und die Welt aggressiv und jammerte verzweifelt über ihr nahendes Ende. Ihre Schwestern warfen ihr vor, dass sie nicht loslassen könne, obwohl sie doch allen vom Leben nach dem Tod erzählt hätte und schrieben ihr zum Schluss: „Beth, hör auf mit dem spinnigen Zeug. Bleib auf dem Boden. Erzähl, was du weißt, aber nicht mehr."[22]

So ganz unrecht hatte Kübler-Ross aber nicht, denn wenn man sich mit sehr viel Liebe zu sich und zu allem und allen anderen weit emporschwingt, kann es schon sein, dass man den Tod vor lauter Vergeistigung nicht mehr verstandesmäßig bemerkt. Und dann ist es eventuell auch möglich, dass die Seele noch mit viel Verfeinerungsübungen im Gehirn – wie oben geschildert – für eine längere Zeit als üblich verbleibt. Nur sollte man dann fairerweise von einem Leben im Sterben reden und nicht von einem Leben nach dem Tod wie Kübler-Ross es tat. Denn warum sollte das Leben nach dem Tod nicht wieder einen Tod haben, nach dem dann ein weiteres Leben nach den Tod stattfindet . . . usw. Das Leben im Sterben ist sicher sehr erfüllend, nur muss man sich damit ein wenig auskennen, und das hat auch etwas mit Liebe zu tun.

---

[22] Zitiert aus Wikipedia über Elisabeth Kübler-Ross

Nur ist es eher eine Liebe zu sich selbst, hinsichtlich der die Psychoanalytikern M. Mitscherlich ihr letztes Buch betitelte: „Eine Liebe zu sich selbst, die glücklich macht".[23] Das klingt ein bisschen narzisstisch, doch sie meinte es nicht so. Es hatte mit der Liebe zu ihrer Arbeit zu tun, also mit dem, was man die ‚detached love', die gelöste, abgeschminkte, die ein bisschen distanzierte Liebe nennt, die auch den Psychoanalytiker ausmacht.[24] Denn damit der Psychoanalytiker nicht einer völlig absorbierenden Identifizierung mit seinem Patienten anheimfällt, braucht er eine gewisse Distanz, ein minimales Getrenntsein. Empathie ist gut, aber totale Empathie hilft niemandem, und so muss die Liebe in der Psychoanalyse von Bindungen gelöst, von zu großer Nähe getrennt und vor Intimität geschützt sein. Mitscherlich hätte aber vielleicht besser geschrieben: „Eine Liebe zu sich als *Anderem* . ." oder „Eine Liebe zum eigenen Unbewussten als dem noch Unfertigen, als dem ganz anders Geartetem in einem selbst".

Nicht nur zum äußerlich Anderen, auch zu sich selbst ist diese Liebe durch einen leichten, diskreten Abstand gekennzeichnet, die sich zum Regredieren, zum ‚Sterben' im Leben eignet, wo man auf den *Anderen* in sich selbst

---

[23] Mitscherlich, M., Eine Liebe zu sich selbst, die glücklich macht, S. Fischer (2013)

[24] Kohon, G., Love in a time of madness. In Green & Kohon: Love and its vicissitudes, Routledge (2005) S. 41 – 100. Der Autor spricht hier von der 'detached love'.

trifft, den Wahrheits-Spiegel der Seele. Es ist nicht gut bis zum Schluss in sich maßlos verliebt zu sein, narzisstisch oder anderswie, so wie es auch wenig hilfreich ist, mitten in Liebesverstrickungen mit anderen Menschen vorzeitig zum Ende zu kommen. Nur so kann man auch den Satz Lacans verstehen, dass „es in der Liebe immer irgendeine Wonne des Todes gibt, eines Todes jedoch, den wir uns nicht selbst auferlegen können."[25] Das soll heißen, dass man mit einem Suizid den Tod nicht überwindet und man ihn schon gar nicht überlistet und die Wonnen haben kann, die damit verbunden sind. Auch in Yasushi Inoues Roman war angeklungen, dass ‚gelöste und ein bisschen abgeschminkte Liebe' vollständiger ist, als eine zum Hochaltar emporgejubelte.

Stützen könnte man dies alles auch mit der modernen Chaos-Theorie. Für F. Cramer, einen Mitbegründer der Chaostheorie, ist Eros und Liebe eine tiefgehende Resonanz, das sich eben in wiederkehrenden, zyklischen Zeiten abspielende Lebens- und Liebesprinzip, dem Cramer das einer irreversiblen, chaotisch einbrechenden und somit nicht resonanten Zeit gegenüberstellt.[26] Cramer versucht also die Liebe und den Eros als „harmonische Stimmung und Gleichklang" zu verstehen, aber auch als etwas Unsagbares, Chaotisches, darzustellen, das sich nicht in Zeit- und Ordnungsvorstellungen denken lässt.

---

[25] Lacan, J., Die Übertragung, Seminar VIII, Sitzung vom 15. 5 61
[26] Cramer, F., Symphonie des Lebendigen, Insel (1998)

All den Formen der üblichen Liebe steht also die ‚Chaos/Liebe' gegenüber, die keine Resonanz hat und doch stark ist, durchdringend.

Damit steht Cramer zu Recht gegen das in einem sehr umfangreichen Werk des Soziologen H. Rosa propagierten Wertes der Resonanz.[27] Denn Rosa versucht akribisch nachzuweisen, dass überall, in allen Beziehungen und Verfassungen letztendlich eine Resonanz zu finden sei, und dass die wesentlich für das universelle Verständnis ist. „Wenn Beschleunigung das Problem ist, dann ist Resonanz vielleicht die Lösung. Dies ist, auf die kürzest mögliche Formel gebracht, die Kernthese von Rosas Buch", steht im Klappentext. Dem Rezensenten der SZ, J. Bisky, fehlt bei aller Sympathie für die Sehnsucht nach einer gelingenden Welt ein Würdigen der tatsächlichen, und so sind die über 815 Seiten von Rosas Buch quälend.

Die Wonnen des Todes können freilich auch wieder etwas mit der ‚Verschmelzungssehnsucht' zu tun haben, die ich schon eingangs als Form eines Grundphantasmas beschrieben habe, und die ein mit der Liebe vermischtes Todesbegehren darstellt.[28] Es will etwas wiederholt werden, was im Leben noch nicht zum Zug gekommen ist, nicht gesagt, nicht eingestanden und enthüllt worden oder für immer verloren worden ist. Wie die Schwarzen Löcher in der Physik hat das ‚Verschmelzungsphantasma'

---

[27] Rosa, H., Resonanz. Eine Soziologie der Weltbeziehung, Suhrkamp (2019)

[28] Lacan, J., Seminar VIII, Passagen-verlag (2008) S. 234

unglaubliche Anziehungskraft, obwohl es leer ist, ursprünglichster Mangel ist, Kluft, Nichts. Wir erholen uns von der Trennung nicht, die bei der Geburt Realität wurde, nämlich nicht nur die Trennung von der Mutter, sondern auch die von der Hälfte des kindlichen Körpers (Plazenta, die zum Kind gehört und nicht zur Mutter). Wir erholen uns von dieser Trennung nicht und klammern uns an die Objekte des Lebens? Wenn es dann aber doch gelingt, über Trennung und Verlust hinauszugehen, kann man die Wonnen genießen.[29]

Denn die Wonnen benötigen nicht die „höheren Hirnleistungen". Es scheint wohl so zu sein, dass „höhere Hirnleistungen" nur bei ein paar ganz abgehobenen Philosophen wie I. Kant, Schopenhauer oder modernen Autoren, die vom ‚kulturellen Gedächtnis' der Menschheit schwärmen, zu großer Blüte kommen. Dabei hatte doch schon Freud klargestellt, dass es ein „Unbehagen i n der Kultur" gibt (in und nicht an der Kultur), und dass das eigentliche Gedächtnis das Unbewusste ist, das sich im Sterben öffnet, während es sonst im üblichen Leben alles nur schlecht erinnert, es aber gleichzeitig fest gespeichert hat. Die aufwendige Verdrängungsarbeit verhindert die Erinnerung, sperrt sie aber gründlich ein. Deswegen ist es gut für diese letzten sechs Stunden im Zwischenreich des Todes schon einiges vorsorglich aufgearbeitet zu haben.

---

[23] Ich werde noch darauf hinweisen, dass die Katharsis in der ersten Übung der *Analytischen Psychokatharsis*, genau dies erfahren lässt, wenn auch meist nur für Momente.

Egal, ob man das jetzt so versteht oder nicht, ich schildere den Vorgang, um den es hier letztlich geht, nochmals
an dem Phänomen sogenannter ‚Nahtod-Erfahrungen'.
Ich habe schon vom regressiven Zustand gesprochen, von
einer Rückkehr zum ursprünglichsten Seelischen. Zu
diesem – wie man auch sagen könnte: ‚neuropsychologi-
schen Regredieren' – passen ganz gut die Berichte von
häufig geschilderten Nahtod-Erlebnissen. Die Menschen
erzählen, sie hätten das Gefühl gehabt, als seien sie aus
ihrem Körper herausgetreten und könnten von oben auf
sich selber sehen. Wenn man aus sich heraustritt, d. h.
sich in seinem Kopf im Spiegel- oder Subjektpunkt des
Nervensystems zentriert und dabei gleichzeitig völlig
verliert, total loslässt oder wie in Trance gerät, tritt man
genau in den Brennpunkt ein, der durch die der Schädel-
basis aufsitzende Halbkugel, die ja wie ein Konkavspiegel wirkt, gegeben ist. Die konkave, reflektierende Ner-
venzellschicht, die vom Körper und anderen Gehirn-
schichten   kommende ‚Strahlen' (Nervenströme)   im
Zentrum der Halbkugel punktuell spiegelt (siehe Abbildung oben), erzeugt Erfahrungen von scheinbarer Hell-
sichtigkeit und Halluzinationen, aber auch von dem, das

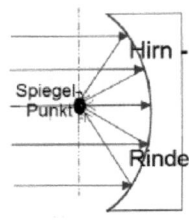

Lacan als das ‚ultrasubjektiven Ausstrahlen' bezeichnet, das ich vereinfacht in vielen anderen Veröffentlichungen das Es *Strahlt* nenne.

Lacan hat diesen Punkt in seinem
‚Spiegelstadium als Bildner der Ich-

Funktion' klar herausgearbeitet. Man sieht sich als Ganzes nur virtuell im *Anderen,* und wenn man aus dem ‚Licht'-Punkt, Brennpunkt, Spiegelpunkt des Gehirnspiegels heraus ‚sehen' kann, dann weil man so in diesem *Strahlt* des Brennpunktes reduziert und regrediert ist, so dass man sich wie hellseherisch wahrnimmt. [30] Man schwimmt nur noch in den Pixeln, man ist nur noch Bild-Wirklichkeit, unbewusstes Sehen. Exakt dies erfahren die Menschen in sogenannten Nahtod-Erlebnissen. Es geht um die gleiche Mehrfachwahrnehmung, von dem die Filmtheoretiker oft berichten.

Man befindet sich im Kino völlig in der Aufmerksamkeit des *Anderen* (in der Aufmerksamkeit des totalen Films, des zusammenfließenden Zuschauer-, Kamera-, Schauspieler- und Regisseur-Blicks). Und so ‚sieht' man sich – mehrfach-gefächert – wie vom Standpunkt des *Anderen* her. Doch in der Wirklichkeit des Kinos oder der Nahtod-Erfahrung wechselt man in diesem Moment nur von diesem gebündelten *Strahlt* und dessen zugespitzter imaginärer Ordnung ins *Spricht* der symbolischen Welt. Auch dieses Es *Spricht* ist das sprachliche, symbolische Pendant zum Es *Strahlt* primärster unbewusster Vorgänge, wie sie von Freud und Lacan anhand von Schau- und

---

[30] Den groß zu schreibenden *Anderen,* der/das bei Lacan eine wichtige Rolle spielt, habe ich schon weiter vorne als Wahrheits-Spiegel bezeichnet. Es handelt sich um den virtuellen Körper des Es *Strahlt* in seiner Verbindung zum Es *Spricht,* wozu ich sofort noch weitere Erklärungen geben will.

Sprechtrieb konzipiert wurden und ich sie hier als Kombination aus Wort-Bild-Wirkenden konzipiere.

Es ist nämlich so, als gäbe es in diesem Augenblick der Mehrfachwahrnehmung, im Moment des Es *Strahlt*, auch ein ganz rudimentäres Sprechen, ein Es *Spricht*, das wie in einem Befehlston sagt: „Sieh dich", „Schau", das also einen Ausruf höchster Angst oder auch nur grellsten Erstaunens von sich gibt, und so sieht man sich eben bei der Nahtod-Erfahrung wie von oben oder beim Film wie aus einer ganz anderen Perspektive her wahrgenommen.[31] Das mit dem Gehirn verbundene Unbewusste weiß sich in der Nah-Tod-Erfahrung da liegen und übersetzt das „Sieh" in die Halluzination, sich wirklich zu sehen. Die Nah-Tod-Erfahrung ist der vokalische Imperativ einer Allsichtigkeit. Es wird unbewusst ‚gesehen' und ‚gesprochen'.

Doch der Imperativ – ist er nicht exakt ein Anfang des Befehls, des Losungswortes, des Sprechens überhaupt? Die Linguisten sagen, dass die ersten Worte des Menschen nicht Bezeichnungen für Objekte waren, sondern Losungsworte, Identitätsworte, an Hand derer man sich

---

[31] Hier geht es also um ein „sieh zum ersten Mal" (ein premiére vu im Gegensatz zum deja vu), dem andererseits ein „immer schon als primärstes sprachlich Gesagtes" (ein deja raconte) korreliert. Auch dies erinnert wieder an den Film, wo selbst ‚special effects' uns selbstverständlich vorkommen oder an den Traum, wo es ganz natürlich erscheint, dass sich ‚science fiction'-Szenen abspielen, die wir für völlig real nehmen.

gegenseitig bestätigen und anerkennen konnte. Sicherheit und Vertrauen waren anfänglich in erster Linie gefragt und nicht Worte, mit denen man Wasser von Holz unterscheiden konnte, indem man sie so nannte. Erst später haben sich weitere Worte ermöglicht, die durch besondere Betonung gesprochen, durch Wiederholung verstärkt zur endgültigen Sprache werden konnten. Lacan meinte strikt, dass der Vormensch nur eine Signal- und keine Symbolsprache kannte. Wie im Vogelgezwitscher konnte er Lautsignale geben, doch außer dem Trillern von Liebesbegehren und Revieransprüchen war ihm keine Aussage möglich.

Erst als er eine Lautfolge betont und bewusst wiederholen konnte, als er eine Regung, ein Erstaunen, einen Affekt mit der gleichen Lautsequenz noch einmal und dann wieder und wieder mit besonderer Betonung von sich geben konnte, war das Symbol, das erste Wort geboren und war der Mensch Mensch. Im Vogelgezwitscher sind die Lautfolgen nicht immer konsequent die gleichen, und selbst wenn sie dies sind, so werden sie nicht mit einer Art von Überraschung, zunehmend ernsthafter Betonung und Bewusstheit vorgetragen. Aus der reinen Lautbildlichkeit ist eine Worthaftigkeit und Signifikanz geworden, die mit zunehmendem Verständnis perpetuiert werden konnte. Genau dieser Anfang des Sprechens, das *Spricht*, das Phonematische, wird im Nahtoderlebnis gleichermaßen aktiviert wie auch das aufs Engste reduzierte Sehen des *Strahlt* der puren Pixelwelt.

Überhaupt finde ich es bedeutsam, dass, wenn es um eine so elementare und eindrucksvolle Erfahrung geht wie der des Nahtodes, das *Strahlt / Spricht* ganz zusammengerückt, zusammengeschaltet sind. Es handelt sich um den *Spiegel-Blick* eines *Echo-Diskurses*, um die letztliche Kombinatorik von Lust und Tod.[32] Warum dazu eigentlich vom Nahtod sprechen, es liegt doch der tiefst mögliche Meditationszustand vor und der wirkliche Tod ist doch noch weit entfernt? Das Ganze ähnelt aber wiederum einem Leben im Sterben, dem Tod im Diesseits, dem dann noch ein zweiter für das Begreifen des Jenseits folgen muss. Nur kann man natürlich Nahtoderlebnisse nicht vorher schon üben, um dieses ,Sterben' zu lernen, von dem so viele gescheite Sätze ohne wirkliche praktische und wissenschaftlich begründete Anleitungen geschrieben worden sind. Der Begriff Nahtod ist eine verfälschende Bezeichnung für eine traumabedingte Halluzination.

Doch kurz noch ein Hinweis auf das Theaterstück vom Brandner Kasper aus dem Jahre 1871, das bei der Bevölkerung Bayerns hoch im Kurs steht und bei dem es ebenfalls um das Leben in der Auseinandersetzung mit den Tod geht. Auch dem Brandner Kasper gelingt es den Tod (fast) zweimal zu überlisten. Beim ersten Mal macht er den Tod betrunken und trickst ihn beim Kartenspiel aus. Der Tod verspricht ihm noch weitere achtzehn Jahre des

---

[32] Dies trifft eben auch auf den Film zu, wenn er wirklich gut, also packend, elementar zutreffend und effektiv ist.

Lebens, wird aber dafür im Himmel vom Erzengel Michael, der hier die gleiche Rolle wie Zeus bei Sisyphos spielt, schwer gerügt. So versucht der Tod es schon bald danach erneut, den Brandner Kasper heimzuholen. Nach vielem Hin und Her vereinbaren sie beide einen Deal: der Brandner Kaspar darf eine Zeit lang ins Paradies schauen, wo er seine verstorbenen Angehörigen in wunderbaren Landschaften sehen kann, was ihn schließlich davon überzeugt, dem Tod zu folgen.

Na ja, die Sache klingt schon sehr katholisch; das Fegefeuer, das Sisyphos einholt, wird in diesem Stück – auf Kosten des Realitätsprinzips – deutlich ausgespart, denn eigentlich hat der Brandner Kasper ein paar Verbrechen begangen, auf Grund derer man normalerweise nicht ins Paradies kommt.[33] Das hintergründige Fazit: Die Bayern sollen bei Laune gehalten werden und stets daran glauben, dass ihre gottgewollte Regierung alles im Griff hat. Das gilt auch heute nach mehr als hundert Jahren noch. Aber die entscheidende Frage, wie überlistet man jetzt den Tod in moderner und „logisch praktischer" Form, ist damit noch gar nicht richtig angegangen, geschweige beantwortet.[34] Denn der allerletzte Tod soll ja nicht vermieden werden, er soll nur für eine wertvolle Erfahrung genutzt werden.

---

[33] Bei Freud gibt es ein Lust- und ein Realitätsprinzip, die sich gegenseitig die Waage halten.
[34] Auch Eine ‚logische Praxis' nannte Lacan die Psychoanalyse.

Im Übrigen ist der Tod nicht das Anorganische, wie Freud noch gedacht hat und was er für das Ziel des Lebens hielt. Das Anorganische ist nur das Verhärtete, total Starre, Reglose. Deswegen hat auch das Unheimliche nichts mit dem Tod zu tun, sondern ist nur die Furcht davor. Auch haben wir immer schon halb Anorganisches, scheinbar Totes in Form des Skellets in uns, und sind genauso die Computeranimationen künstlicher Intelligenz auf Chips, die man uns in Zukunft implantieren wird, nicht Neues. Medikamente, die ständige TV-Berieselung, schlechte Gewohnheiten und die hundert Rituale des alltäglichen Lebens und vieles mehr bedeuten eine ständige Starrheit, Rigidität, Unbewegtheit in und und um uns herum. Damit lernt man nicht zu sterben, man bleibt nur leblos.

Der Tod selbst nämlich, der letzte, hundertprozentige kommt durch das Ende des Genießens des Lebens zustande. Kein Lebensgenuss mehr kann heißen, schon lange vor dem physischen Verfall zu sterben: in geistiger Verwirrung, Demenz, Sucht und ideologischem Wahn. Deswegen ist es von Vorteil, in wissenschaftlich begründeter Meditation mit dem Tod schon auf Du zu sein, mit ihm zu sprechen wie Luther es getan hat (er sprach mit dem Teufel, der aber nichts anderes als ein Zwilling des Todes ist). Und so wird auch die künstliche Intelligenz nur dann der Tod sein, wenn man sie nicht mehr rechtzeitig abschalten kann. Das Gleiche gilt für den Körper, mit dem man nur dann stirbt, wenn man nicht rechtzeitig die

Körperbilder zu einem einzigen Strahltpunkt, Spiegelpunkt, *Strahlt*, im *Spricht* zusammengeführt hat.

Denn es ist wohl möglich durch ein intensives meditati-
ves, psychoanalytisches, ein irgendwie erneuertes
selbstsublimierendes Training oder sonst etwas Ähnliches, ein Sterben im Leben zu fingieren, nachzuahmen
oder nachzubilden, also so authentisch wie möglich zu
konstruieren, um davon für das eigentliche Leben zu
profitieren. Ich werde im nächsten Kapitel versuchen
aufzuzeigen, wie dies bisher vielleicht schon gelungen
oder zumindest weit gediehen und versucht worden ist.
Und wie man es heute wissenschaftlich gesichert neu
beleben kann. Denn nur so macht es einen Sinn, die Frage nach dem Leben i m Tod, wie sie unter anderem von
dem Artikel in der Zeitschrift *Nature* aufgegriffen wurde,
neu zu beantworten.

4. Wiederbelebungsversuche

Um zu ‚sterben' und ‚wiedergeboren' zu werden fährt man am besten nicht in die Südsee oder in all die Touristengebiete, die überquellen von der Lust nach Faszinierendem und Fremden, um doch nur wieder das Gleiche und Gewohnte zu treffen. Nein, man fährt in den Nordosten Asiens, in die menschenleeren Ebenen und Hügellandschaften Amurs, Asiens Amazonas, um sich von seinem träge dahinfließenden Wasser davon tragen zu lassen. Amur, das klingt schon wie l`amour, chinesisch ‚Heilong' Jiang, Schwarzer Drache, denn der Fluss durchquert das nördlichste China und ist wirklich auch ‚Heilung' für die Seele. Tundra, Taiga Wälder, Kiefern, Steppen und Graslandschaften und das Summen einer uralten Melodie aus der Vorzeit des Menschen . . . .

Und doch, trotz alldem, trotz der Ferne, der mönchischen Einsamkeit und des betörenden Namens, die Amur Region lässt einen nicht den Tod völlig überlisten. Aber auch sogenannte Reinkarnationstheorien lassen einen nicht wirklich auferstehen. Anstatt im Unbewussten beziehen diese Menschen das ‚déjà vu', das schon einmal gesehen, schon mal erlebt, schon einmal dagewesen, auf ein real vergangenes Leben. Sie erkennen nicht, dass diese Erfahrung unbemerkt mit der Insistenz eines ‚jamais-raconté' (noch nie erzählt) im Unbewussten einher geht. Weil etwas nie gesagt, nie richtig erzählt, nie richtig eingestanden und effektiv (gegen die typischen psychoanalytischen Widerstände) enthüllt worden ist, obwohl es im Unbewussten dazu drängt, können gewisse Szenen seelisch so überbesetzt erscheinen, dass sie – ähnlich den Nahtod-Erlebnissen – wie schon erlebt und gesehen wirken. Es erinnert an das Werk des Philosophen Merleau-Ponty, in dem das „Unsichtbare" letztlich ein Sprechen ist, was spätestens dann klar wird, wenn man der Wahrnehmung die Dinge als sichtbare zuordnet und der Sprache die unsichtbaren Bedeutungen.[35]

Man kann bei Merleau-Ponty sehen, dass er mit seinen Formeln ganz nah am Wesentlichen ist, da z. B., wo er vom „Fleisch" spricht, vom Libidinösen (der Freud'schen Libido, der Eros Energie) , das wie ein auf ewig unerlöstes Begehren in seiner „Rotheit" dahinschwelt: das „Fleisch als Sichtigkeit und als Ort einer Einschreibung von Wahrheit", schreibt er bezüglich dieser Gegensätze des Bild- und des Wort-Wirkenden. Er spricht nicht vom Rot, auch nicht von der Rötung, sondern vom Wesen des Fleisches und des Begehrens, von der „Ro(h)(t)heit" – ja, man muss es so sagen, denn so ist alles drin, was auch der Maler Rupert Geiger, der fast nur Bilder in Rot gemalt hat, behauptete: Ganz nahe beieinander liegende Rottöne (wie Rot und Roh) wecken einen besonderen Eindruck, eine Auseinandersetzung mit dieser Farbe, die so betrachtet viel mehr hergibt als ein Rot, das neben einem Blau oder Gelb platziert ist.

---

[35] Merleau-Ponty, M., Das Sichtbare und das Unsichtbare, W. Fink Verlag (1994) S. 273

Wie beim Erleben des Amur, wo man durch die Trägheit und das Melodische des Flusses in dieser völlig menschenleeren Landschaft gestärkt wird, kommt man zwar reinkarnativ, also um zwei Ecken herum, zur eigenen Vergangenheit zurück, aber man lernt nicht, was wirklich zählt, was die Lebensmathematik möglichst direkt in sich aufgehen lässt. Man ist überzeugt in den Film der eigenen Vergangenheit zu gehen, manches scheint glaubhaft, manches passt wiederum nicht so recht mit dem heutigen zusammen. „Noch bevor die eigentlichen Humanbeziehungen entstehen, sind gewisse Verhältnisse schon determiniert", verkündete Lacan in seinem elften Seminar, und das könnte gut zu der monotonen und doch so raunenden, sprechenden Flusslandschaft passen. „Denn die Natur liefert *Signifikanten*.[36] Noch vor jeder Erfahrung, vor aller individuellen Deduktion und noch bevor überhaupt kollektive Erfahrungen . . . sich niederschlagen, gibt es etwas, das dieses Feld organisiert und die ersten *Kraftlinien* in es einschreibt . . . die Funktion einer ersten Klassifizierung."

Und weiter: „Wichtig ist für uns, dass wir hier die Ebene erkennen, auf der es – noch vor jeder Formierung eines *Subjekts*, das denkt – bereits zählt, auf der gezählt wird. Wichtig ist, dass in diesem Gezählten ein Zählendes

---

[36] Auch erste ‚maßgebliche Bilder' wie Sonne, Mond und Sterne können – laut Lacan – als imaginäre *Signifikanten* Bedeutungswirksamkeit im Sinne primärsprachlicher Symbole besitzen.

schon da ist".[37] Ein Zählendes wird sehr schnell zu einem menschlich Zählenden, ist auch schon bald ein Erzählendes, ein Es *Spricht,* so wie ich es durch Raunen des Amur nachzuahmen versucht habe. Dieses „universale Gemurmel", wie Lacan auch das Unbewusste nennt, so als würde es dieses Zählende schon ganz klar und verstehbar zu machen versuchen, muss man wohl vorerst in einer gewissen Unschärfe belassen. Doch so viel kann man schon sagen, diesem *Spricht* steht das Feld der ersten Kraftlinien gegenüber, das also ver-

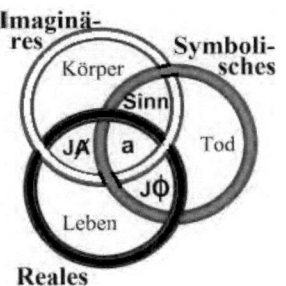

kürzt ein Es *Strahlt* geheißen werden kann, weil Strahlen oder ein ‚Erscheinen' noch plastischer wiedergeben, was mit *Kraftlinien* gemeint ist, die – auf ihre Weise – ebenfalls *zählen.*

Um dieses Doppelprinzip noch besser darzustellen, will ich mich dem Ganzen über Lacans Borromäischen Knoten nähern, einer Art Playstation für Psychoanalytiker. Nebenan findet sich dazu eine Abbildung (links), bei dem es allerdings absolut nicht notwendig ist, alle Einzelheiten zu verstehen. Man sieht sofort, dass es um drei Schlingen geht, die in fester Weise so verknüpft sind, dass sie alle aufgehen, wenn man nur eine aufschneidet.

---

[37] Lacan, J., Die vier Grundbegriffe der Psychoanalyse, Walter (1980) S. 26

Man sieht auch gleich die Bezeichnungen Leben, Körper und Tod, und auch mein Es *Strahlt* als das Bildhafte, Imaginäre, und das Es *Spricht* als das Worthafte, Symbolische, sind eingezeichnet. Nochmals zur Klarheit: das Imaginäre ist das, was vom Wahrnehmungs- bzw. Schautrieb herkommt, das also von außen nach innen und von innen nach außen *Strahlt*. Es ist eine primäre Kraft wie Freud sagte, das *Spricht* dagegen kommt vom Entäußerungs- bzw. Sprechtrieb her, der als Hörkomponente von außen nach innen und als ein Sich-Ausdrücken von innen nach außen geht. Beide Kräfte stehen in Kombination zu etwas, das Lacan den Mathematikern zuschrieb. Es ist das Reale, das was Zählt, auch wenn noch gar kein persönlich Zählender, also kein Mathematiker da ist; oder ist er doch da?

Es hat schon viele Wissenschaftler gegeben, die gesagt haben, die Welt ist letztlich mathematisch aufgebaut, und dann wäre ja der Aufbauer und Schöpfer ein Mathematiker gewesen. Der Mathematiker Kronauer hatte sich aus diesem Grund einmal so geäußert: Die Berechnungen machen die Mathematiker, aber die Zahlen hat Gott gemacht. Na ja, das ist so ein Spruch, der so ähnlich klingt wie der von „Gottes Algorithmus" beim sogenannten Zauberwürfel. Gott ist hier nur hypothetisch eingesetzt, viel extremer und realitätssüchtiger benimmt sich der neue Bestseller Autor N. Harari in seinem Buch ‚Homo Deus'.[38]

---

[38] Harari, Y. N., Homo Deus, C. H. Beck (2017)

Er will nicht Gott zum Algorithmiker oder zum Zahlenerfinder machen, sondern gleich den Menschen zu Gott. Auch er geht vom Zählen, von den Algorithmen aus, diesen wohldefinierten Handlungs- bzw. Rechenvorschriften, die seiner Ansicht nach aus dem zugleich Irdisch-Überirdischen stammen, die man sich aber in ihrer Wirkung besonders gut in der Zukunft der Menschheit vorstellen kann. Dort liegen sie nämlich in der Verbindung von Bionik und der Künstlichen Intelligenz vor, wo sich ungeahnte Möglichkeiten für den Menschen eröffnen. Denn bisher waren sie nicht so entfaltet und nicht so gesehen worden.

Doch Harari blickt in seinem Buch mit diesem Zukunftskonzept auch zurück in die Vergangenheit, denn die Algorithmen haben ja auch früher schon – wenn auch nicht so komplex wie heute und morgen – in der Weltgeschichte und dem Leben der Menschen funktioniert. Gleich zu Beginn behauptet er, dass ganz zu Anfang, nämlich „im animistischen Kosmos jeder mit jedem direkt geredet hat."[39] Algorithmisch, versteht sich, denn Verbalsprachliches gab es noch nicht. Er meint auch, niemand könne beweisen, dass ein anderer so wie man selbst über Geist verfügt. Die Menschen gehen im Datenfluss auf, ob der nun Geist heißt oder Materie, ist egal, die Algorithmen denken ja für beide, für den materiell-biologischen und den geistig-seelischen Menschen, und zwar identisch und

---

[39] Harari, Y. N., Homo Deus, C. H. Beck (2017) S. 166 und im Folgenden S. 129

synchron. Den *Anderen* als solchen, den wirklich *Anderen*, gibt es nicht mehr, er kommt zumindest nicht vor.

Doch neuerdings wird er uns vorgetäuscht. Im ‚Generativ-Pretrained-Transformer' (GPT-3) wird einem mittels künstlicher Intelligenz eine Gegenüber, ein perfekter Anderer, vorgestellt. Als „Textgenerator verfasst er Gedichte im Stile Oskar Wildes und Dramen in der Sprache Shakespeares. Er versteht Griffbilder von Gitarrenakkorden, programmiert Webseiten nach Wunsch und übersetzt Texte beinahe fehlerlos in etliche Sprachen. Er kann mit Menschen über das Wetter palavern und über Klimapolitik diskutieren".[40] Er wird als Technologiewunder gefeiert und als ebensolches Monster gefürchtet. Denn mit Sicherheit versteht er keinen Witz wie Freud es theoretisiert hat.[41] Denn wer einen Witz versteht und darüber lachen kann, hat ein Unbewusstes wie es nur Menschen, also sprechende Wesen haben.

Umgekehrt, aber mit der gleichen Aussage, dass KI einen Witz nicht versteht: In einem Kinderfilm wurde ein Roboter vorgestellt, den ein Mann erfunden hatte und überzeugt war, er sei nur eine Maschine. Seine Frau meinte jedoch, er sei ein Mensch. Um ihn zu testen, erzählte man

---

[40] Rodemann, J., Maschinen-Lyrik, SZ vom 24. 11. 2020, S. 13

[41] Umgekehrt in einem Kinderfilm, in dem ein Roboter vorgestellt wurde, den ein Mann erfunden hatte und für eine Maschine hielt. Seine Frau aber sagte, er sei ein Mensch. Um ihn zu testen, erzählten sie ihm einen Witz. Tatsächlich, er lachte, er war also ein Mensch.

ihm einen Witz: Ein katholischer, ein protestantischer und ein jüdischer Priester sollten sich über die Verteilung des gesammelten Geldes äußern. Der katholische sagte, wir machen einen Kreis, werfen das Geld hoch, was in den Kreis fällt, gehört Gott, was rausfällt, gehört der Gemeinde. Nein, sagte der Protestant, wir machen einen Kreis, werfen das Geld hoch, was hineinfällt, gehört der Gemeinde, was herausfällt, gehört Gott. Schließlich, sagte der Jude, machen wir einen Kreis, werfen das Geld nach oben, was herunterfällt, gehört der Gemeinschaft, was oben bleibt, gehört Gott. In der Tat, der Roboter lachte, er war also ein Mensch.

Noch eindrucksvoller ist die Geschichte, die ich selbst in meinem Studium erlebte, als mein Professor in der Neurologie sich einen Freudschen Versprecher, einen lapsus linguae leistete. Statt von Kompetenz zu reden, was er vorhatte, sagte er Kompotenz. Viele Studenten lachten. Der gute Prof hatte wohl Probleme mit der Erotik, doch solch eine Deutung des Versprechers fiele der KI nicht ein. Sie würde das zweite o in Kompetenz für einen Schreibfehler halten. Die Maschinen haben einfach keinen Humor.

Schon lange existiert der Versuch, Menschen und Computer im Inneren und davon getrennte Menschen im Äußeren eines Raumes kommunizieren zu lassen. Die im äußeren Bereich sollen herausfinden, ob sie mit einem Menschen oder mit dem Supercomputer im Inneren reden. Meist wird dies erst nach zehn bis fünfzehn Minuten klar, denn die Maschine ist auch auf Blödsinn und Abstraktionen getrimmt. Mit ‚Deepfakes' werden heutzutage auch Filme perfekt gefälscht, wie man seit dem Video der Republikaner über Obama mit den älter gemachten Gesicht und der haargenau nachgestellten Stimme weiß. Wie die KI-Expertin Nina Schick berichtet, sind hinsichtlich hinterlistigster Lügen und Tricks vor allem die Russen Meister.[42]

Dass man in einer Psychoanalyse nicht dem Datenfluss, sondern dem enthüllenden Spiel der versteckt erotisierten Worte lauscht, und dass man sich intersubjektiv verständigen wird, bis klar ist, dass es sich bei allen, die dabei mitwirken um mehr als Algorithmen handelt, weil sie die Wahrheit als Ursache anerkennen, ist Harari und den GPT-3-Unternehmern nicht bekannt. Sprache dient in erster Linie nicht der Kommunikation, sondern der Enthüllung, speziell um die Enthüllung versteckter Wahrheiten. Auch im Universum ist nicht nur die dunkle Materie und dunkle Energie versteckt, sondern die ihm zugrunde-liegende Wahrheit seiner Komplexität. Nur wenn wir die Wahrheit über all diese Dinge wissen, können wir beruhigt sterben, doch dies muss man vorher üben.

Harari verbleibt in dem ständigen Spiel, in dem das Wissen stets nur programmatisch ist und sich die Frage nach seiner Wahrheit nicht stellt. Für ihn konstituiert sich das

---

[42] Schick, N., Deepfakes, The Coming Infocalypse, Twelve Hachette Book Group (2020)

Wissen „nicht polar zur Beziehung auf die virtuelle Position einer zu erreichenden Wahrheit,"[43] sondern ist in den Algorithmen schon fertig da. Die Worte Wahrheit, Liebe, Eros, Gefühl und viele weitere menschlich so wichtige Begriffe kommen im Register und Text seines Buches überhaupt nicht vor, weil er mit ihnen nichts anfangen will. Er ist dem Schlitzohr Sisyphos und dessen Tricks und Täuschungsmanövern absolut wesensverwandt.

„Wenn eine künstliche Intelligenz von sich selbst sagt", schreibt Harari, „sie sei in einem bewussten Zustand", gebe es keinen sicheren Gegenbeweis. Virtuelle und reale Welt ist letztlich nicht unterscheidbar, und mit der transkraniellen Gleichstrom-Gehirnstimulation kann man zeigen, dass jeder Mensch viele Ichs hat und das Individuum gar nicht existiert. Trotzdem ist es nicht dumm, was Harari schreibt. Es erinnert sofort wieder an die Überlistung des Todes durch Körper-Geist-Techniken, die ich vorhin erwähnt habe. Harari meint, der Gedanke an Unsterblichkeit sei schon immer im Menschen angelegt, und bald würden die Menschen durch moderne Technik und Medizin ohnehin ur-ur-alt. Doch die Zukunft liegt im Transhumanismus, in dem der Mensch eben Gott wird.

Harari meint, der Mensch wird zwar der Datengott werden, aber wer überlebt dann eigentlich, wenn man die Frage nach der Unsterblichkeit wieder aufnimmt. Woody Allen hat auf die Frage, ob er nicht in seinem Werk über-

---

[43] Lacan, J., Seminar I, Walter (1986) S. 214

lebt, gesagt: „Ich möchte unsterblich werden nur in dem ich selbst nicht sterbe." Da genau liegt die Dummheit. Durch Nicht-Sterben-Wollen wird man den Tod nie überlisten, daran wird auch der transhumane Dataismus-Mensch nichts ändern. Denn wenn die Algorithmen bisher den Menschen in Form seines Unbewussten beherrscht haben, dann wird der transhumane Dataismus-Mensch, der alles wissen kann und glücklich sein wird, weil er wie früher in Gott jetzt im Datenstrom aufgehen kann, zwar halb aus biologischer, halb aus technischer Substanz bestehend Wirklichkeit werden.

Aber was wird dann das Sterben sein? Wird es dieses tranceartige Hinübergehen sein, das noch gar kein echtes Hinüber ist, sondern nur ein Sehen der andere Seite des eigenen Lebens, eben dieses Lebens im Sterben und nicht ein Leben nach dem Tod. Es geht doch nur um eine Schnittstelle, eine Zäsur, die man wenigstens – wie es in einer Meditation aber ja auch in bestimmten Phasen der Psychoanalyse – halbwach durchwandern, durcharbeiten muss, mehr ist es nicht. Sterben heißt nicht immer gleich tot sein. Man muss umgekehrt das Sterben trickreich üben, so wie es Sisyphos getan hat und wie es eben in der *Analytischen Psychokatharsis* möglich ist.

In diesem Verfahren dient eine erste Übung dem Durchschreiten des Imaginären, des ‚Bild-Wirklichen', also dem Bereich im Borromäischen Knoten, der vom ‚Körper' bis zum ‚Leben' reicht und in seiner Mitte ein von mir gelb gefülltes **a** zeigt. Das kleine **a** steht bei Lacan für das unbewusst psychische Objekt des Begehrens, also wenn jemanden noch nicht bewusst ist, dass es das andere Geschlecht ist, das er eigentlich begehrt, und da so zum *a* seiner selbst wird. Das große *A* dagegen steht für den *Anderen*, den ich bereits mehrfach als den bedeutenden, verinnerlichen *Anderen* beschrieben habe. Mittels der Steuerung durch die *Formel-Worte* wird in der *Analytischen Psychokatharsis* das *a* zum Übergangsobjekt vom Bild- zum Worthaften, vom Imaginären der ersten Übung zum Symbolischen des *Pass-Wortes* (von denen ich noch zwei erwähnen werde) in der zweiten Übung, in der *A* sich vernehmen lässt.

Lacan hat den Tod in die Kreisschlinge des ‚Wortwirklichen', des Symbolischen, des *Spricht* eingetragen, das auch zählt, denn es hat ja Kontakt zum Realen, hat mit dem von mir oben schon erwähnten ‚Tod der Verständigung' zu tun, der das Sprechen immer begleitet. Ich hatte auch Gamm zitiert, der schrieb, dass alles Reden und Sagen von einem Rest Unbestimmtheit geschlagen ist. Selbst wenn der Patient in der analytischen Psychotherapie ‚frei assoziieren' muss, also sich preisgeben, ja vor lauter geäußerten Peinlichkeiten und Blödheiten fast sterben muss, genügt dieser eine Tod nicht, um die Therapie in ihre tiefsten Schichten zu führen. Irgendetwas, das selbst noch in Syntax und Grammatik, ja in den B(r)uchstaben selber steckt, verhindert die letzten Enthüllungen und bleibt so unbestimmt.[44] Deswegen helfen sich die Psychoanalytiker heutzutage mit sogenannten ‚Enactments', also künstlichen Eingriffen, intervenierenden Bemerkungen, erfundenen Deutungen aus der Klemme, wenn sie mit der Deutung nicht weiterkommen. Doch das hilft nicht.

Um mehr zu erreichen muss man die Schlinge des Imaginären, die ‚Bildwirklichkeit', das *Strahlt*, hinzunehmen, in die Lacan den Körper eingetragen hat. Er hat auch Kontakt zum Symbolischen, wo es sich zum Sinn verbindet. Auch hier ist wieder der Bezug zum Film (Theater, Performanz, Ritual, gesellschaftliche Ereignisse etc.) erhellend, denn hier wird überall Bild und Wort in enger Verbindung benutzt, was Bedeutung und Sinn verschafft. Der Tod wird auf der Leinwand und im Buch vermittelt, aber je enger ihre Verbindung wird, desto näher kommt die Sache mit dem Leben des Realen ins Spiel, also zu dem, was *Zählt* und wo Lacan den Begriff des Lebens eingezeichnet hat. Doch wie kann man nun aus diesem Tohuwabohu mehr erreichen, was Seelenerkenntnis, Therapie, Selbstpraxis betrifft, mit der der Tod überlistet werden kann?

---

[44] Oudee Dünkelsbühler, U., Zeugnis und Schrift: B(r)uchstaben an der Couch, Les Etats Généraux de la Psychanalyse (2001). Der Autor spielt auf die Freud'schen Versprecher an, wo oft nur ein Buchstabe verschoben ist, wodurch jedoch die verdrängte Wahrheit herauskommt.

Man muss mit dem Körper anfangen, der in der Kreisschleife des Imaginären eingetragen ist. Dazu Folgendes: Im Zentrum der Psychoanalyse steht der Begriff der Übertragung. Der Klient, Patient oder wie man ihn auch immer nennen mag, überträgt in der Therapie Bedeutungen, aus seinem früheren Leben oder aus ganz anderen Beziehungen auf den Psychoanalytiker, indem er ihm ein Wissen unterstellt. Er geht davon aus, dass der Therapeut in seiner Ausbildung wie an einer Universität Wissen erworben hat, mit dem er seinen Patienten mittels einer bestimmten Gesprächsform ergründen, erkennen, ja mehr oder weniger durchschauen kann. Man nennt den Psychoanalytiker daher auch das ‚Übertragungsobjekt', also den Hort, auf den man all die Bedeutungen übertragen kann, damit sie dort erst einmal verwahrt sind, aber auch zur Behandlung etwas beitragen können und durch eine Art von Verwandlung schließlich zur Heilung verwendet werden können.

Verwandlung heißt, dass der Therapeut diese Übertragung auflösen muss, denn sie ist ja nicht adäquat, ist nicht sachgerecht, ist nur eine andere Art von Krankheit oder anders gesagt: die zu behandelnde Störung hat sich nur in eine andere verschoben, die sich jedoch besser dafür eignet, die Mechanismen des Krankseins zu erkennen und sie so aufzulösen. Man spricht daher fachlich von der Übertragungsneurose, in die der Patient aus der Neurose, an der er leidet, hinüberwechselt. Jetzt sind nur noch das *Strahlt* des Körperbildes und das *Spricht* des Todes vorhanden, um daraus das Leben zu gewinnen.

Auf die Frage des Patienten, was mit ihm eigentlich los sei, antwortet daher das ‚Übertragungsobjekt' Psychoanalytiker beispielsweise, dass diese Frage wohl damit zu tun hat, dass die Mutter des Patienten ihn nie richtig anerkannt oder dass sie ihn überbetuttelt hat. Obwohl hinter dieser verschiebenden Antwort die Tatsache steckt, dass auch er, der Therapeut, die Anerkennung nicht geben kann und es die Überbetuttelung nicht geben darf, reagiert der Patient doch immerhin damit, dass er nun etwas von der Beziehung zu seiner Mutter erzählt. Alle möglichen Geschichten bringt er vor, Erinnerungen tauchen auf, Gefühle werden geweckt etc., und nach vielen, vielen Stunden wird klar, dass die Anerkennung aus ihm, dem Patienten selbst kommen muss. Niemand kann einem bestätigen, wer man ist, und so muss im Grunde genommen auch der Psychoanalytiker irgendwann einmal sich selbst bestätigt haben, dass er Psychoanalytiker ist, dass er diesen Beruf ausüben kann. Freilich wird er Freud gelesen haben, sich selbst auf die Couch beim Lehranalytiker gelegt und Seminare besucht haben. Letztendlich aber muss er sich dazu erfinden.

Psychoanalytiker kann man nicht mittels eines offiziellen Examens werden. Irgendwann muss man die innere logische Struktur des eigenen Unbewussten erkannt haben und spüren, dass man sich auf andere einlassen, ihnen zuhören, alles bei sich als ‚Übertragungsobjekt', sprich:

Kläranlage, aufnehmen kann, und dann auch fähig ist, nur aus diesen beiden Kräften, *Signifikanten*, Bild-Wort-Wirkenden (*Strahlt* und *Spricht*) und deren Verschränkungen eine Deutung zu formulieren. Der Stein des Sisyphos, der mit den unbewussten Wünschen, Sehnsüchten, Triebhaftigkeiten und Phantasmen beladen ist, wird so zwar immer wieder auf das Lösungsplateau hinauf gehoben, bis der Patient die Therapiestunde wieder verlässt, wonach er unten wieder landet.[45]

Aber wie der genannte Patient, der eines Tages spürt, dass die Mutter gar nicht die Person sein konnte, die ihm Anerkennung hätte verschaffen können oder die Überprotektion hätte geben dürfen, so spürt also auch der heutige Psychoanalytiker, dass die Behandlung zu scheitern droht, wenn psychische Übertragungen nicht mehr richtig zu fassen sind, wenn sie sich auf keine zu objektivierenden Beziehungen mehr zurückführen lassen und er eben zu den erwähnten ‚Enactments‘ greifen muss. Aber die Rechnung geht auch deswegen nicht ganz auf, weil – wie ich schon gezeigt habe – die Psychoanalyse an dem einseitigen Schwerpunkt auf der Seite des Symbolischen gebunden bleibt und das Imaginäre nicht genug einbeziehen kann und das Reale nicht genug *Zählt*.

Deswegen zählt manchmal eine Figur wie Sisyphos mehr als all die graue Theorie. In seinem neuen Buch ‚Eine

---

[45] Freud sprach diesbezüglich auch von der „unendlichen Analyse“, die auch darin gipfelt, dass kein Therapeut seine Analyse je völlig zu Ende gebracht hat.

Odyssee' hat es auch der Autor D. Mendelsohn mit Odysseus versucht.[46] Ein Professor für antike Philologie hält ein Seminar über die Odyssee von Homer ab. Sein alter Vater, der sich sein Studium noch selbst erarbeiten musste und Mathematiker geworden ist, ist ebenfalls Teilnehmer des Seminars. Es entwickelt sich eine Spannung zwischen Vater und Sohn, die es verdeckt immer schon gegeben hat. Dar Vater mahnt die exakte Wissenschaftlichkeit an, der Sohn pocht auf die gut erzählte Geschichte, die, auch wenn sie nicht ganz wahr ist (se non è vero), doch gut erzählt ist (è bene raccontato), wie ein altes italienisches Sprichwort sagt.

Heimat, Familie, Identität, alle Themen werden nach dem Seminar auf einer Seereise auf den Spuren des Odysseus zwischen Vater und Sohn diskutiert, wobei der antike Held stets das vermittelnde Symbol ist, das letztendlich die Beziehung zwischen den beiden klärt und bessert. Stets braucht es nur zwei Figuren und ein drittes, alles umfassendes Wesen, um die Frage nach dem, was der Mensch ist, restlos zu beantworten. Im Fall des oben genannten Romans ist es die Gestalt des Odysseus. Bei ihm scheint der Vater/Sohn-Konflikt zu fehlen, doch ist er nur auf die Mann/Frau-Beziehung verschoben. Bei der Bewerbung um die schöne Helena hatte Odysseus' keine Chance, aber er bekam die zweite dieser weiblichen Luxusgeschöpfe der griechischen Antike, nämlich Penelope, was ja auch für die Wiederbelebung des Helden nicht

---

[46] Mendelsohn, D., Eine Odyssee, Siedler (2019)

schlecht war. Die Vater/Sohn und die Frau/Mann Beziehung haben die gleiche Struktur, so lautet die Lösung.

Der italienische Schriftsteller A. Moravia hat in seinem Buch ‚Die Verachtung' einen Versuch im Sinne einer psychoanalytischen Interpretation – zumindest nannte er es so – von Odysseus und Penelopes Eheleben gegeben, der anders ausfällt als der klassische Mythos, in dem die beiden ja in einem ungeheuerlichen Treuepathos einander verbunden sind. Moravia stellt eine Parallelität der Beziehung der Hauptprotagonisten des Romans, Ricardo und dessen Frau Emilia, mit der von Odysseus und Penelope dar. Ricardo soll ein Drehbuch über die beiden antiken Eheleute schreiben, endlich, denn bisher hat der Drehbuchautor im Leben nicht viel erreicht. Doch der deutsche Regisseur, der den Film über Odysseus und Penelope schließlich drehen soll, will eine andere Geschichte als die des Helden Odysseus und seiner bis zum Geht-Nicht-Mehr treuen Frau und behauptet Folgendes:

Auch bei Penelopes Verheiratung habe es schon die vielen Freier gegeben, von denen einige auch später noch, nach Odysseus Rückkehr von Troja, eine große Rolle spielten sollten. Penelope sei nach anfänglich positiver Ehe schon sehr bald verärgert gewesen über die Art, wie Odysseus mit diesen frühen und nach der Hochzeit verbliebenen Freiern umging. Odysseus ließ sie gewähren, nahm nicht Stellung gegen sie und behandelte sie wachsweich und halbherzig und habe sie nicht vertrieben. Im Gegenteil, er glaubte ständig nur zeigen zu müssen, wie großartig es sei, dass er den Intellektuellen und eigentlich Zivilisierten repräsentiere, während Penelope noch im ursprünglich Affektvollen der geschlossenen griechischen Agrar-Gesellschaft zurückgeblieben war.

Penelope begann mehr und mehr ihren arroganten und eitlen Lebenspartner zu verachten. Sie, die sich selbst als die gefühlvolle und ihrer Cousine Helena nicht nachstehende Frau einschätzte, lehnte Odysseus zunehmend ab. Schließlich hielt es Odysseus aber nicht mehr zu Hause aus. Er nahm daher gerne die Gelegenheit wahr nach Troja in den Krieg zu ziehen. Und nach Beendigung desselben – so der Regisseur in Moravias Buch – habe es keine zehn Jahre lange Irrfahrt gegeben, sondern Odysseus hat die endgültige Rückkehr immer wieder aufgeschoben, um sich mit anderen Frauen vergnügen zu können. Er habe sich vielleicht für edel gehalten, sei aber unbewusst immer wieder der ‚ehelichen Abneigung', die auf seiner Beziehung zu Penelope wie ein Fluch lastete, verfallen. Schließlich habe er sich aber stets überwunden und dann doch die Heimkehr angetreten, habe die Freier verjagt und Penelopes Vertrauen wiedergefunden.

In Moravias Roman erkennt jetzt der Protagonist Ricardo, dass diese, nunmehr moderne Version des antiken Dramas, seine eigene Beziehung zu seiner Ehefrau Emilia wiederspiegelt. Obwohl er sich bis zuletzt an das Helden- und Treue-Genre der antiken Odysseus-Sage klammert und seine eigene Ehe für ähnlich edelmütig hält, weist ihn Emilia genauso zurück und verlässt ihn wie

Penelope Odysseus in Moravias Roman – allerdings end-gültig. Eine Wiederbelebung ist nicht mehr möglich. Nun könnte man sagen, dass die eigentliche, übergeordnete Wahrheit der Geschichte wahrscheinlich irgendwo zwischen der antiken und der modernen Version liegt. Weder war Odysseus der große Held, als der er immer überliefert wurde, noch litt er unter einem ,ehelichen Abneigungskomplex', wie Moravia es versucht uns weis zu machen. Aber wer war er dann wirklich?

Weder die Vater/Sohn-, noch die Mann/Frau-Beziehung kann das Grundproblem völlig lösen, das sich in den alten Mythen von Sisyphos über Prometheus bis zu Odysseus auftut, und kann so den heutigen Menschen nicht neu beleben. Man muss es in sich lösen und braucht dazu zwar auch dieses Dritte, diese dritte Figur, diese ,trialogische' Praxis, aber nicht mehr in so märchenhaft und schillernd ausgestatteter Form.[47] Es braucht einen „Körper ohne Gestalt", meint Lacan, und so sitzt selbst im Sprechzimmer des Psychoanalytikers mitten zwischen ihm und dem Patienten noch der Geist Freuds oder der Schöpfer des Wortes, der Jongleur der Bedeutungen, der unbewusste. ,linguistisch-kristalline' Weise. ,L'Autre. wie Lacan sagt, der/das *Andere* in und außer uns, der

---

[47] Der Begriff des ,Trialogs' als Gegensatz zum herkömmlichen und nur scheinbar perfekten Dialog, hat mein Lehranalytiker, O. Graf Wittgenstein entwickelt. Ausführlich habe ich dazu in meinem Buch ,teetrunken' berichtet.

nicht mit tollen Geschichten zufrieden gestellt werden kann.

Im Geschlechtlichen – und in den Dramen der Antike geht es immer um den Eros, der vom Göttervater Zeus ja in äußerst promisker Weise missbraucht wird, und der wie schon erwähnt nur eine Scheinbeziehung darstellt, kann die Lösung nicht gefunden werden. Aber auch in allen herkömmlichen Religionen, Literaturen, Wissenschaften und Weisheiten kann die nicht gefunden werden. ‚Wanted reformerns not of others, but of themselfes' heißt ein alter Spruch. Man kann nur vermittels der Identitäts- und *Pass-Worte*, der Kläranlage-Deutungen durch eigenes Nach-Innen-Gehen, die Lösung finden.

5. Der Sisyphoskomplex

Nun existiert eben durch Hereinnahme des Körpers speziell in der Art des Körperbildes, was Lacan ja in die Kreisschleife des Imaginären eingetragen hat, eine Verbesserung der Situation. Der Körper ist deswegen mit dem Bildhaften, dem *Strahlt*, der ‚Bildwirklichkeit‘ verbunden, weil er aus anatomischen Bildern besteht, die man zwar nicht in ihrer materiellen Genauigkeit spürt, von der man aber stets ein unbewusstes Bild in sich hat. Wie die französische Psychoanalytikerin F. Dolto nachwies, setzt sich das Körperbild hauptsächlich aus drei Teilen zusammen, dem basalen, dynamischen und erotischen Körperbild. Sie zeigt damit am besten, dass der Körper samt seinem Ich aus imaginär-realen Objekten zusammengesetzt ist, deren Zahl weit über die Drei hinausgehen kann und so aufs Symbolisch-Reale zugreift.[48]

Der Löwe kann nicht bis Drei zählen, geschweige darüber hinaus, wie Lacan im Londoner Zoo einmal bemerkte, wo der Löwe von drei Löwinnen umringt war. Empörte Zuhörer protestierten. Der Löwe würde genau wissen, dass er drei Liebhaberinnen habe, das sieht er doch und zudem riecht er es wahrscheinlich auch noch, während

---

[48] Dolto, F., Das unbewusste Bild des Körpers, Quadriga Verlag (1999). Der Begriff Bild geht hier ein bisschen über das rein Imaginäre hinaus, und wenn es sich um mehr als drei Bilder handelt, muss auch das Wort dazu helfen, um das Wirkliche, das wirksam Wirkliche, zu erfassen.

der Mensch einen Rechenschieber braucht, um seine Liebesbeziehungen zu verstehen. Doch im rein arithmetischen Sinn hatte Lacan recht. Der Löwe zählt nicht, er addiert nicht, ab drei sind es für ihn einfach viele und so sind auch die Löwinnen nicht eifersüchtig, denn – so Lacan – für die sexuelle Eifersucht ist es notwendig, dass man zählen kann.[49] Da könnte etwas Wahres dran sein.

Der Körper und sein Ich können sich im Imaginären, im Es *Strahlt*, verlieren, aber das Zählen, Erzählen, das Narrative – wie moderne Linguisten und soziologische Menschenbeschreiber heute gerne sagen – bringt das Übertragungsmoment, das Es *Spricht*, in die menschlichen Beziehungen hinein. Ich habe schon erwähnt, wie die Psychoanalytiker damit rechnen: weil man immer mal wieder jemanden etwas unterstellt, überträgt man etwas auf ihn, und zwar etwas ganz anderes, als was man ihm unterstellt und erzählt. Der Psychoanalytiker R. Lombardi – immer sind es die unbekannten Protagonisten, die die aufregendsten Ideen haben – schreibt in seinen Veröffentlichungen davon, dass neben dem Therapeuten als ‚Übertragungsobjekt‘ vor allem auch der in seiner imaginären Vielfalt aufgebaute Körper selbst als ‚Übertragungsobjekt‘ geeignet ist. Für Lombardi ist der Körper eine *Strahlt / Spricht*-Kombination, der man etwas mitteilen kann und die darauf auch antwortet.

---

[49] Lacan, J., Seminaire Nr. IX, Staferla, S. 202 (20. 6. 1962)

Er ist es doch, der Körper, der – da sich seine Ohren nicht verschließen lassen wie Lacan anmerkte – alle Lautbilder (Geräusche, Worte, Seufzer, Schreie etc.) in sich aufnehmen und mit allen bildhaften Anteilen in ihm selbst vermischen muss, so dass sich ein komplexes Unbewusstes erstellt. Dieses *Strahlt / Spricht* -Unbewusste kann also hervorragend zuhören, doch es kann auch Deutungen herausgeben wie Symptome, Fehlleistungen, Versprecher, aber auch bedrängende und erhellende Bilder, Verkennungen und visionsartige Einsichten, Gedankenblitze, Mahnmale, Heraldiken, Kunst. Ich habe von dem B(r)uchstabensammler (ein Ausdruck des Psychoanalytikers O. Dünklesbühler für das Unbewusste), weil dort die Worte oft gestückelt und gebrochen sind und so herausgegeben werden.

U. Karacaoğlan schreibt in einer Buchbesprechung über Lombardi und seiner These von der ‚Übertragung auf den Körper' Folgendes: „Nach Lombardi ergänzen sich die Übertragung auf den Analytiker und die Übertragung auf den Körper gegenseitig, wodurch eine doppelte und parallele Übertragung beider Beteiligter auf ihre eigene Körperlichkeit entsteht, die in entscheidender Weise die Kommunikation innerhalb des analytischen Paares ermöglicht. . . Lombardi nennt dies ein Durcharbeiten der Körper-Seele-Verbindung".[50] Dadurch wird eine Therapie, die nahe am Körper operiert und realitätsnäher ist,

---

[50] Lombardi, R., Der Körper in der analytischen Sitzung, in Mauss-Hanke: Internationale Psychoanalyse, Bd. 4 (2009)

erreicht, was auch in der *Analytischen Psychokatharsis* möglich ist und hier sogar den Schwerpunkt darstellt. Hier gibt das Unbewusste des Körpers als einem *Strahlt/Spricht* eine direkte Antwort mittel der *Pass-Worte*.

Das Unbewusste ist also nicht nur wie im klassischen psychoanalytischen Vorgehen worthaft-lexikalisch, sondern auch körperbildhaft-kreativ und rhythmisch-musikalisch aufgebaut, wie die Psychoanalytiker S. Leikert, R. Zwiebel und einige weitere Autoren nachgewiesen haben.[51] Insbesondere, wenn man dem Körper in einer entspannten Haltung ein kleines Ordnungsinstrument in die Hand gibt wie etwa die ja auch bildhaften *Formel-Worte*, kann dieses Unbewusste tiefe und doch klare Deutungen von sich geben, wie es für mich das „Was bietet Sisyphos an" gewesen ist. Über Sisyphos existiert eine Unmenge von Bildern und Büchern.

Sisyphos Vasenmalerei

Er wird als fröhlich, als ausdauernd, als ‚mein Bruder' und vor allem immer wieder als derjenige geschildert, der aus dem Scheitern letztendlich doch großen Gewinn zieht, indem er stets als der Starke verbildlicht wird, der einen riesen-

---

[51] Leikert, S., Die vergessene Kunst, Psychoanalyse und Musik, Psychosozial Verlag (2005)

großen Stein nach oben wälzen muss. So groß wie meist dargestellt, kann der Stein nie gewesen sein, er ist eben mehr Symbol, Gemälde und Offenbarung. Deswegen mündet das Fazit der meisten Kommentare, Bilder und Stellungnahmen zum Schicksal des Sisyphos darin, bei Misserfolgen nicht aufzuhören und sich von den negativen Seiten des Lebens nicht unterkriegen zu lassen. Doch das ist nicht genug an Wahrheitsvermittlung. Es braucht eine psychologisch-kulturelle Differenzierung und eine psychoanalytische Interpretation.

Das einzige Buch, das im Zusammenhang mit dieser mythischen Figur noch recht interessant ist, stellt die Abhandlung des Psychiaters A. Marneros dar, der Sisyphos eine Zwangskrankheit attestiert. Sisyphos ist chronisch zwangsneurotisch, das Hochwälzen des Steins ist eine reine Zwangshandlung, die ja bekanntlich unbewusst stets wiederholt werden muss und immer erneut bewerkstelligt wird, denn die bewusste Einsicht, dass die ausgeführte Handlung unsinnig ist, hilft nicht weiter. Auch der Zigarettenraucher weiß, dass seine Sucht schädlich ist, und er will sie aufgeben, doch er raucht weiter, so wie Sisyphos seinen Stein stets wieder auf den Hügel schleppt. Maneros meint, dass die Zwangshandlungen meist Ausdruck einer Angstabwehr sind, und so gelten auch viele Rituale, wiederholte Gesten und Kulte, die einer Regulierung der zwischenmenschlichen Beziehungen dienen, als zwangsneurotisch. Freud hielt daher die meisten Religionsausübungen mit ihren monotonen Rezitationen, Opfer-, Symbol- und Beschwörungshandlungen für krankhaft.

Nun muss man zugeben, dass der Mythos von Sisyphos sehr gut zum zwangsneurotischen Geschehen passt. Es hat also nichts auf sich mit dem glücklichen Menschen, der seinen Stein liebt und den Göttern trotzt wie Camus es tat. Der verächtlich sein Tun verrichtet und sein Schicksal heroisch meistert. Stets die gleiche Tätigkeit zu wiederholen lenkt einen von hässlichen Gedanken und Depressionen ab und gibt dem Leben eine Scheinstruktur, die besser zu ertragen ist, als sich dem Dunkel einer Angst oder Negativität auszusetzen. In gewisser Weise hat jeder damit zu kämpfen, auch heutzutage noch. Sind nicht die ‚Macher', die ständig etwas tun müssen, die unglücklich sind, wenn sie nicht arbeiten, die Sportschau sehen oder verreisen können, um nur drei Beispiele zu nennen, von denen es eigentlich Hunderte gibt, moderne Sisyphosse im Sinne der Zwangsneurose?

Sisyphos bestraft sich selbst mit seiner Schwerarbeit, niemand hat ihn dazu gezwungen. Doch die Menschen versuchen oft zuerst einmal die Schuld nicht bei sich selbst, sondern woanders zu suchen. Viele meiner Patienten sagten, warum habe ausgerechnet ich diese oder jene Krankheit, ich habe doch nichts Schlechtes getan! Aber frägt man nach, kommt doch heraus, dass sie sich nicht richtig ernährt, zu wenig bewegt, zu falsch gedacht, zu viel geschlafen, zu süchtig gelebt, zu wenig geliebt und was sonst noch alles Negative getan haben. Gerade aber im Bereich der Neurosen und Persönlichkeitsstörungen will man die Ursachen in kranken Anlagen oder verheerenden Umweltbedingungen sehen, was nicht immer unberechtigt sein muss, denn solche Ursachenüberlagerungen kann man auch in Sisyphos' Geschichte nicht ausschließen.

Trotzdem, warum soll er nicht etwas zwangsneurotisch gewesen sein, das Wesentliche seines Charakters bestand darin jedoch letztlich nicht. Er hat den Kampf mit den Göttern aufgenommen, psychoanalytisch würde man sagen: den Kampf mit seinem Triebschicksal und seinen Therapeuten (Zeus, Thanatos, die Frauen, Persephone, Ixion und andere),[52] ohne die sein Leben nicht denkbar ist. Überhaupt muss ich hier die Erzählungen über Sisyphos noch erweitern, denn sie führen auch psychoanalytisch gesehen in einen viel umfassenderen Bereich des menschlichen psycho-physischen Daseins. Ich sage psycho-physisch, denn die Erörterungen gehen tief ins Unbewusste hinein, nämlich bis zum Ursprung desselben in der von Freud so postulierten Ur-Verdrängung. Sie ist die erste Verdrängung, eine der entstehenden Psyche sich elementar etablierende psychoenergetische Gegenbesetzung, die dauerhaft bleibt und nie ins Bewusste gelangen kann. Der Begriff ist bis heute nicht ganz geklärt, wird aber fassbarer, wenn man sich die volle Geschichte des Sisyphos ansieht und die Argumente der Psychoanalytikerin Judith Le Soldat dazu anhört.

---

[52] Zu Ixion mehr auf der nächsten Seite

Zuvor noch Folgendes: Den Sonnentitan und die Schöpfungsmythen habe ich schon angedeutet. Der bekannte Mythenforscher Ranke-Graves schreibt nochmals dazu: *„Der ‚tückische' Stein des Sisyphos war ursprünglich eine Sonnenscheibe; Der Hügel ist das Gewölbe des Himmels, ein bekanntes Bild. Das Bestehen des korinthischen Sonnenkultes ist gut dokumentiert. . . Außerdem wird im Tartaros Sisyphos stets neben Ixion gesetzt. Auch Ixions Feuerrad ist ein Sonnensymbol"*. Ixion war also ein dem Sisyphos vergleichbarer ruchloser Held. Sie trafen sich im Hades und tauschten sich über ihre Schicksale aus. Ixion täuschte eine große Hochzeit mit der Mondgöttin Dia vor, lockte aber seinen Schwiegervater in eine tödliche Falle. Später versuchte er sogar Hera, die Frau des Vatergottes Zeus zu verführen, doch Zeus überraschte ihn und ließ ihn für immer an ein Feuerrad binden. Ein antiker Thriller.

Das Volk der Korinther *„soll Pilzen entsprungen sein: Pilze waren der rituelle Zünder von Ixions Feuerrad und der Sonnengott verlangte zu Beginn seines Jahres menschliche Brandopfer. [53] Auch Antikleias Verführung [wie bereits geschildert durch Sisyphos] ist wahrscheinlich von einem Bilde abgeleitet, das die Heirat des Sonnengottes Helios mit Aphrodite zeigte. . . Sisyphos Über-*

---

[53] Bei den Pilzen und ihren Wirkstoffen ging es wohl wie im frühen Mittelamerika um Meskalin, Psilocybin und ähnliche Halluzinogene, die – rituell eingenommen – den Schöpfungsmythos auslösten.

listung des Hades bezieht sich vermutlich auf eine Weigerung des Heiligen Königs, am Ende seiner Regierung abzudanken".[54] Ranke-Graves beschreibt auch, dass spätere Mythenschreiber Sisyphos gegenüber feindlich eingestellt waren und schlecht über ihn geredet haben, weil er nicht hellenische Siedlungen in seinem korinthischen Königreich, also an der engen Stelle, die Attika vom Peleponnes trennt, gefördert hat. So überkreuzen sich alte und neue mythische Darstellungen in extremer Weise mit Politik und persönlichen Konflikten. Zudem: Pilze könnten mit Alkaloiden, psychedelischen Substanzen, zu tun haben.

Ixion war selbst ein bedeutender ‚Heiliger König' und Mondgott. Es war üblich, dass sich diese frühen Herrscher sogar als Zeus titulierten, und so wird vermutet, dass Dia selbst mit Hera identisch angesehen wurde, was aber die olympischen Priester bekämpften, und so setzten auch sie negative Überlieferungen in die Welt. Aber wer waren nun Sisyphos und seine Gefährten wirklich? Um diese Frage besser zu beantworten, nehme ich die Ausführungen der Psychoanalytikerin Le Soldat zu Hilfe, die Freuds Auffassung vom Ödipusmythos als menschlichen Grundkomplex anschaulich kritisierte, indem sie Freuds Initialtraum (der Traum von ‚Irmas Injektion') bis ins Detail auseinandernahm und zerpflückte. Freud, so die Autorin, habe sich mit der Ödipusgeschichte nur eine

---

[54] Eine auch heute noch unter autokratischen Politikern häufig anzutreffende Handlung.

Ausrede, eine psychische Abwehr verschafft, um sich nicht diesen gewaltsamen sexuellen und sadistischen Regungen stellen zu müssen, die im elementaren Unbewussten hausen. Anschließend hat Le Soldat Freuds Theorie völlig umgedreht und ins Erotisch-Aggressive hin ausgelotet, was zur Sisyphosgeschichte passt.

Makaber und kurios beschreibt sie, dass nicht der Ödipuskomplex und die Kastrationsangst die zentralen Elemente der Freud'schen Therapie sind. Vielmehr steht die zwischen der Mords-Eifersucht gegenüber dem Vater und der Eros-Verliebtheit zur Mutter in der Ödipussage stehende Sphinx im Mittelpunkt.[55] Sie ist ein mit männlicher Sexualität ausgestattete Frau- und Mutterfigur, die zu Beginn des Lebens die noch unreife kindliche Seele in unlösbare Konflikte stürzt. Ihr gegenüber entwickelt das Kind mittels unbewusster Phantasiebildungen libidinös-aggressive Strebungen, die sich gegenseitig blockieren, weil beide Protagonisten, Mann/Vater und Frau/Mutter, die verschiedenen sexuellen Organe gleichzeitig imaginär agieren lassen. Es kommt unbewusst eine Kastrationslust zustande, das männliche Kind beispielsweise will dieser sphinxhaften Mutter-Frau – alles nach wie vor unbewusst zu verstehen – das Organ ihres perpetuellen Genießens (das ja eben auch wirklich autochthon ist, aber männlich-phallischen Charakter hat) rauben, doch be-

---

[55] Le Soldat, J., Eine Theorie menschlichen Unglücks, Trieb, Schuld, Phantasie, Fischer Sozialwissenschaft (1994)

droht es sich bei so viel eigenem Sadismus gleichzeitig mit Bestrafungsangst und Verwirrung.

Um überhaupt zu psychoanalytischen Deutungen zu kommen, muss Le Soldat ihren Patienten jedoch entsprechende Phantasien entlocken, was ein bisschen manipulativ erscheint. Ich denke, dass Le Soldats Psychoanalyse als Therapie wohl nur in Sonderfällen gilt. Aber als theoretischer Beitrag sind Le Soldats Überlegungen wertvoll, weil die entscheidende Schnittstelle zwischen Mythos und Realität (und darum geht es ja bei Sisyphos), die bei ihr aggressiv und gleichzeitig mit großen libidinösen und fast monsterhaften Phantasmen angegangen wird, die innerseelischen Konflikte deutlich in Bewegung bringt. Urgeschichte und Unbewusstes, gehen also eine enge Verbindung ein, das war durchaus auch schon Freuds Ausgangspunkt war und auch zu den verheerenden Lust- und Konsum-Süchten und Kriegen unserer Zeit passt.

Doch Freud hat ihn kein einziges Mal erwähnt, obwohl er sonst von so vielen Gestalten der griechischen Mythologie angetan war. Prometheus, Odysseus, Uranos, Pegasus, Ödipus, Zeus, Orpheus und viele andere kommen zu Wort. Hat die Tatsache, dass Sisyphos bei Freud so unbeachtet bleibt, nicht doch etwas damit zu tun, dass seine Geschichte bis in die Schöpfungsmythen hineinreicht, und damit auch Bedeutung für die prekärsten Tiefen des Seelischen hat, während Ödipus schon eine modernere Figur der griechischen Dramen ist? Der Ödipusmythos konnte sich gut für die Behandlung von Neurosen eignen, aber der Sisyphosmythos würde auch komplexere, tiefere psychische Strukturen erfassen. Auf jeden Fall war die mit so verwirrenden Geschichten gemischte Realität im Mythos von Sisyphos hoch brisant und ist es eben auch heute noch: und zwar nicht mehr nur bei Neurotikern, sondern auch bei Potentaten, Wissenschaftlern, Finanzjongleuren, Machtpolitikern, Kriegsherren, Vergewaltigern, korrupten Staatsdienern, Pädophilen, Internetlügnern und tausend anderen so tief im Unbewussten Verwickelten. [56]

Es sind doch die so verkrusteten Macht-, Geld-, sowie die narzisstischen und geltungssüchtigen Strukturen, die behandelt werden müssten. Aber es verhält sich wie beim Kabarett, wo diejenigen, die dort bespöttelt und hochgenommen werden, gar nicht hingehen. Sie müssen das Gelächter nicht fürchten, denn sie überlassen es den anständigen Leuten, die sonst nichts zu lachen haben. Sisyphos wäre ein guter Ratgeber, denn ihm ging es nicht um Geld und Macht, sondern um die Wertesymbolik, um die Achtung und Würde, die dem einfachen Arbeiter nicht wegen des Monetären von Warren Buffets Milliarden verweigert wird, sondern weil der finanzielle Unterschied

---

[56] Wenn ich hier Wissenschaftler einbezogen habe, so weil neue Gentechniken wie zum Beispiel die sogenannten Check-Point-Inhibotoren in der Krebstherapie so gefördert und gelobt werden, obwohl die fast zu 100% erhebliche Nebenwirkungen haben. Will man da nicht lieber seinen Krebs behalten?

so irre groß ist, dass er die Werte-, die Würde-Symbolik chaotisch bestimmt. Wenn ein Politiker goldene, Zigtausend kostende Uhren am Handgelenk trägt, kann er sich das monetär und persönlich leisten, aber für ihn als Richtliniengeber ist es katastrophal.

Die Diskussion darüber ist jedoch nicht der Grund, warum ich über Sisyphos schreibe. Hauptsächlich geht es ums Sterben und um den Tod, und dies auch hinsichtlich der Psychoanalytiker, die alle so schlecht sterben. Schon Freud starb auf so schreckliche Weise, er litt jahrelang an Mundhöhlenkrebs wohl verursacht durch seinen lebenslangen massiven Zigarrenkonsum. J. Kollbrunner hat ausführlich darüber berichtet, wie viele wenig hilfreiche Operationen Freud durchmachen musste und wie am Schluss nur ein paar Morphiumspritzen seinem Leiden und Leben ein Ende machen konnten.[57] Bettelheim zog sich gleich eine Plastiktüte über den Kopf, Fenichel starb schon mit 48 Jahren an Übergewicht, Erschöpfung, Kampf um Anerkennung und anderer Dinge mehr und selbst der von mir geschätzte Lacan hatte keinen guten Tod. Noch in den sechziger Jahren hatte er Studenten verspottet, die nicht wissen, was eine Aphasie ist, erkrankte aber selber im Verbund mit anderen neurologischen Störungen daran und litt zum Schluss auch an Darmkrebs, der wahrscheinlich mit zu viel gutem Wein und exklusivem Essen zusammenhing.

---

[57] Kollbrunner, J., Der kranke Freud, Klett-Cotta (2001)

Die Psychoanalyse hat bisher zur Bewältigung von Tod und Sterben nicht viel beigetragen. Während in der Philosophie und selbst im Alltagsgeschehen diese Thematik eine große Rolle spielt, ist sie in der Psychoanalyse nur „latent bekannt".[58] Die Psychoanalytiker glauben, dass der Eros unsterblich sei – ist er auch, jedoch nur in der konkretistischen Enge des *Strahlt /Spricht*, in der engsten Kombination von Schau- und Sprechtrieb, was man sich an Hand des Sisyphosmythos gut vorstellen und an Hand der *Analytischen Psychokatharsis* auch erarbeiten kann.[59] Ich schildere dieses Verfahren in diesem Buch nicht in allen Einzelheiten, lediglich in einem kurzen Anhang habe ich das Wesentliche der Praxis zusammengefasst. Das Effektivste, um dem Sisyphoskomplex gerecht zu werden, ist die Methode, in der der Körper und nicht nur der Therapeut das ‚Übertragungsobjekt' darstellt.

Denn letztlich geht es ja um das Sterben des Körpers, das den Menschen so Angst macht und womit sie nun ihre Seele tödlichen Gefahren aussetzen. Die Menschen sehen einfach zu wenig, wie man gut stirbt. Es gibt keine Vorbilder dafür, und so kann die einzige Rettung nur darin liegen, sich in dieser Hinsicht selbst zum Vorbild zu machen. Man muss sich im Umgang mit dem Tod üben, man darf ihn nicht nur als Schreckgespenst in der Ecke stehen lassen. Ich habe schon erwähnt, dass Depression

---

[58] Biermann, C., Psychoanalytiker und Tod, E-Book (2006)
[59] In enger Legierung des Eros-Lebens-Triebs mit dem Todestrieb – so Freuds Theorie – wird der Mensch nicht unsterblich.

und Verzweiflung auch eine Art des Einübens ins Sterben darstellen. Aber warum es soweit kommen lassen. Im Verfahren der *Analytischen Psychokatharsis* kann man den Umgang mit dem Tod üben und ihn so – zumindest doch weitgehendst – überlisten, indem man den Körper als Garant des Lebens überwindet.

Dies geschieht nicht nur dadurch, dass man in der kathartischen Regression des Verfahrens den gleichen Vorgang, wie er sich beim Sterben ereignet, kopiert. Es geschieht vor allem durch die *Pass-Worte*, die es einem ermöglichen, sich wie Sisyphos oder der Brandner Kasper mit dem Tod zu unterhalten. Denn ob man den/das *Andere(n)* das personifizierte Unbewusste nennt, oder die dem Überich nahe stehende innerpsychische Instanz, oder den Lacanschen wortwirklichen *Anderen* oder eben den Tod als Vexierspiegel des Lebens, ist eigentlich egal. Wenn Luther mit dem Teufel sprach, weil er – wie er sagte – mit ihm besser reden konnte als mit Gott, ist das gleiche gemeint. Man muss mit sich selbst in der Form eines auch das Negative, auch die Negation Ausdrückendes, reden können.

6. Eine Psychoanalyse für alle

Ich will nochmals hervorheben, dass die klassische Psychoanalyse vorwiegend auf dem Worthaften, dem Symbolischen, dem Es *Spricht* aufbaut und das Bildhaft-Imaginäre dabei zu kurz kommt. Der Patient muss sprechen, was ihm immer in den Sinn kommt, der Analytiker muss dies in deutende Worte fassen. Gemeinsam ‚ersprechen' sie sich sozusagen das Resultat ihrer Sprechbeziehung. Selbst Bilder im Traum werden nicht vorwiegend nach ihrem Bildcharakter, sondern nach ihren Wort-Klangbildern gedeutet. Als einer der Patienten zu Freud sagte, er habe vom Van Houten Kakao geträumt, fragte Freud, „wann haut denn die Mutter"? Und tatsächlich, dem Patienten fiel dazu eine Geschichte ein, die bedeutungsvoll war. Selbst wenn Freud ein Bild zu deuten schien, z. B. einen Theaterraum, deutete er diesen als den Ort der Heiratszeremonie, doch auch hier spielte wohl mehr das Wort vom ‚Hochzeitstheater' eine Rolle.

Nun klappt dies nicht immer so gut, dass die worthafte Bedeutung so raffiniert aus den Bildern herausgeholt werden kann. Sicherlich ist ein Theater im Traum nicht immer Hinweis auf die Hochzeit, und selbst wenn es so ist, muss noch geklärt werden, was an der Hochzeit problematisch ist. Der Patient muss weitere Assoziationen bringen, die vielleicht sogar vom eigentlichen Thema wieder wegführen. In den von mir kreierten *Pass-Worten* ist wesentlich leichter und direkter zu erreichen, um was es geht, denn das Bildhafte ist in ihnen schon mitverarbeitet, das Imaginäre kommt bereits fertig kombiniert mit dem Symbolischen aus dem Unbewussten zu Tage. Ja, der Schwerpunkt der *Analytischen Psychokatharsis* liegt von vornherein mehr auf dem Bildhaften, Imaginären, dem Es *Strahlt*, und deswegen muss das *Pass-Wort* manchmal nachtariert werden

In jeder Meditation tauchen Erinnerungen, Gedanken an alle möglichen Geschehnisse auf, die in gewisser Weise stets von Bildern begleitet sind. Der Meditierende schiebt diese zur Seite, er behält in der *Analytischen Psychokatharsis* nur den ‚*Strahlt*-Punkt', ein elementares Bildmuster, eine topologische Form, den Kern des eigenen Körperbildes im (inneren) Auge. Unter Kern kann man auch die von F. Dolto genannten Körperbilder verstehen, die sich in der Katharsis, im kathartischen Teil der ersten Übung übereinander lagern oder ineinander schieben. Gerade dadurch entsteht ja das Befreiende, Beglückende dieser Übung, denn die Mehrzahl von Körperbildern wie sie Dolto unterscheidet, drücken nur die Gespaltenheit des Menschen aus, die wesentlich für ihn ist, es aber nicht sein müsste.[60] Wenn man die Körperbilder dauerhaft zusammenführen könnte, wäre man selig wie Gott.

---

[60] Ein Großteil der psychischen Spaltung kommt beim Menschen bereits dadurch zustande, dass seine starke Sprachbezogenheit ihn von der Naturbezogenheit getrennt hat. Der Philosoph Hegel sagte deswegen: „Das Wort ist Mord an der Sache", und von diesem Mord muss man wegkommen.

Aber ich kenne niemanden, dem das je gelungen wäre. Bei den meisten anderen Meditationen steht im Hintergrund dieser Bilder nämlich das Bild des Meditationslehrers, das eigentlich die Zusammenführung der Körperbilder stört. Bei christlichen Meditationen handelt es sich dann eben um das Christusbild, im Yoga oder im Zen Buddhismus geht es um den Yoga- oder Zen-Lehrer, der manchmal in direkter Vision-Halluzination erscheint.[61] Derartige Bilderscheinungen sind freilich ein Umweg, denn man bleibt diesen oft als ,astral' bezeichneten Bildern und auch den damit verbundenen mythisch-magisch-mystischen Thematiken verhaftet. Der Psychoanalytiker bleibt also bevorzugt ins Symbolische, der Meditierende ins Imaginäre eingebunden, doch beide sind wichtig und müssen daher zusammengeführt werden.

Der Meditationslehrer Sant Kirpal Singh, den ich persönlich kannte, nutzte aus dieser Problematik heraus einen geschickten Ausweg. Die Falten seiner Stirne zeigten ein OM-Zeichen, das im Hinduismus eine seit alten Zeiten her bedeutende Rolle spielt. Wenn überhaupt eine Bilderscheinung notwendig sei, sollte man sich auf solch eine minimale *Strahlt*-Gestaltung konzentrieren, sagte er. Ich habe darauf auch in meinem Buch ,Yoga und Psychoanalyse' hingewiesen, da ich später bemerkte,

.

---

[61] Paramahansa Yogananda, Autobiographie eines Yogi, Self Real. Fellowship (1998), worin der Autor die Vision seines Lehrers nach dessen Tod meditiert.

Der Borromäische *Knoten* (re. oben), die Boy´- sche Fläche (li. oben), das Möbiusband (li. unten) und das OM – Zeichen (re. unten), deren vergleichbare Ähnlichkeiten in psychoanalytischer Topologie und Yoga hier dargestellt sind.

dass das OM-Zeichen und verschiedene Topologien unterei- nander Ähnlichkeiten aufweisen (siehe Abbildung nächste Seite) Es handelt sich jedoch nur um analoge Darstellungen, von denen ich denke, dass sie nur die eine Bedeutung haben, eine möglichst begrenzte, knappe Erscheinung des Es *Strahlt* auszudrücken wie sie z. B. in den drei Ringen des Borromäischen Knotens oder in der Verschleifung des Möbiusbandes zu sehen ist. Keinesfalls haben diesbezüglich festgelegte Bilder einen Sinn, egal was sie zeigen. Die Katharsis lässt sich bereits mit der Erfahrung einer Helligkeit (Luzidität), und noch besser mit dieser Körperbildüberlagerung, die zu einem körperhaften ‚Durchrieselungs'-Gefühl führen kann, erreichen.

Im Imaginären benötigt man einen solchen, knappen Anhaltspunkt, eine „Erscheinung mit Bedeutung" wie der Philosoph W. Seitter sagte,[62] etwas Beeindruckendes, Maßgebliches also: „Die ersten Symbole, die natür-

---

[62] Seitter, W., Physik des Daseins, Sonderzahl (1997) S. 213-14

lichen Symbole sind hervorgegangen aus einer bestimmten Anzahl *maßgeblicher Bilder* – aus dem Bild des menschlichen Körpers, aus dem Bild einer Reihe von deutlich sichtbaren Objekten wie der *Sonne*, dem *Mond* und einiger anderer. Und das ist das, was der menschlichen Sprache ihr Gewicht gibt, ihre Triebfeder und ihr emotionales Vibrieren."[63] Das maßgeblichste Bild, das es gibt, ist das Es *Strahlt* (die Luzidität), das gleichzeitig Triebfeder für das Es *Spricht* ist.

Der imaginäre, bildhafte *Signifikant*, das *Strahlt*, ist also in Bezug zum symbolischen, worthaften, dem *Spricht*, klar getrennt / verbunden. Man muss das so ausdrücken. Freud sagte, die Grundtriebe sind autonom und doch auch eng legiert. Das ist eine ganz einfache und klare Aussage. Sie ist es auch, die für die Praxis der *Analytischen Psychokatharsis* gilt, bei der man in der ersten Übung auf das achtet, was irgendwie den Charakter eines Es *Strahlt* hat. Dazu passt gut die eine Seite vom Wesen des Sisyphos, wenn man sich ihn als den Herrn der Sonnenscheibe, als ein Relikt des Sonnengottes vorstellen muss. In dieser Form repräsentiert er Licht, Wärme, Liebe und Lebenselexier, vielleicht nicht mehr, aber doch gleichwertig Anderes, als es Camus mit seinem Wort von Sisyphos als dem „glücklichen Menschen" behauptet hat. Das war er auch, aber das kennzeichnet nicht sein Wesen. Schließlich hatte er auch viel zu sagen und sogar mit Tartaros verhandelt.

---

[63] Lacan, J., Seminar II, Walter (1980) S.388

In vielen Meditationen wird vorgeschlagen, sich auf ein ‚inneres Licht' zu konzentrieren, was wirklich rein mystisch ist. Wenn ich hier Sisyphos ins Spiel bringe, so nur als menschliches Maß, als Anregung zu seinem sonnenwärmenden Eros und zu seinem Helligkeit spendenden ‚inner touch'.[64] Mit diesem Begriff und dem eines wie auch immer erhellenden und das Körperbild ‚durchrieselnden' *Strahlt* werde ich der psychoanalytischen Wissenschaft definitiv gerecht (Lacans ‚ultrasubjektives Ausstrahlen', Oszillationspunkt im Konkavspiegel des Gehirns bzw. der Körperbilder, etc.), und kann so noch hinzufügen, dass man sich darauf nicht aktiv, willentlich, konzentrieren muss.[65] Denn dieser *Strahlt*-Punkt stellt ja nichts anders dar, als den Primärvorgang des Wahrnehmungs- bzw. Schautriebs, als einem der zwei Grundkräfte, -triebe, -prinzipien und stellt somit eine Psychoanalyse für alle dar.

---

[64] Heller-Roazen, D., The Inner Touch, Der innere Sinn, Archäologie eines Gefühls, fischer wissenschaft (2012). Der Autor meint damit ein Spüren von innen heraus, ein ‚Durchstrahltwerden' vom eigenen Körperbild her.

[65] Nochmals : Es handelt sich um das Phänomen, das wohl jeder von einem bewegenden Musikstück her kennt, wenn es einem den Rücken herunter ‚rieselt'. Es ist eine atavistische Erfahrung, also etwas, dass bei den Frühmenschen eine wichtige Rolle in der Kommunikation gespielt hat, dem modernen Menschen jedoch nur noch durch außergewöhnliche Erfahrungen zuteil wird. Ausgangspunkt für diese ‚Durchrieselungs' Phänomen ist der Spiegelungspunkt im Gehirn, wie ich ihn auf Seite 59 dargestellt habe.

Denn die klassische Psychoanalyse ist eine Methode für die Eliten (jung, reich, intellektuell, wie immer schon gesagt wurde). Die *Analytische Psychokatharsis* aber richtet sich an alle (ein Minimum an Bildung ist notwendig). Wenn man sich Sisyphos auf der einen Seite als einen Abkömmling des Sonnengottes denken muss, so repräsentiert er auf der anderen Seite den rebellischen, urwüchsigen Menschen, den Linksliberalen, den die Herrschenden, die Rechtsautokratischen, nicht wollen oder umgekehrt. Dieser Kampf zwischen Links und Rechts, zwischen Herrn und Knecht (Hegels Geschichtsdialektik), extrovertierten Machern und introvertierten Meditierenden, gibt es schon seit Jahrtausenden. Sisyphos überwindet diese Spaltung, die ja auch heutzutage wieder die menschliche Gesellschaft zerstört, indem Sisyphos neben der lichthaften, Liebe und Wärme schenkenden göttlichen auch die rebellische worthafte Seite zum Ausdruck bringt. Er streitet sich sogar mit dem Tod und hat jedes Mal gute Argumente.

Weil ich diese guten Argumente in der zweiten Übung zur Geltung bringe, verfällt der Übende nicht dieser Spaltung, sondern, sondern löst sie in sich als dem Einigenden Subjekt auf. Die *Pass-Worte* sind wirklich die besten Argumente, denn sie kommen von einem unbewussten Selbst und sind doch sprachlich verfasst. In der herkömmlichen Psychoanalyse kommen letztlich auch so etwas Ähnliches wie *Pass-Worte* zustande, es sind die

‚Übertragungsdeutungen'.[66] Sie sind nur viel umständlicher zu erreichen. Freud schildert in einem seiner letzten Artikel „Die Ich-Spaltung im Abwehrprozess" ebenfalls dieses Phänomen der Spaltung und der ‚Übertragungsdeutung', die in der *Analytischen Psychokatharsis* einfacher gehandhabt werden.

Er erzählt die Geschichte einer psychischen Spaltung einmal anhand eines drei- oder vierjährigen Kindes. Er sagte, dass normalerweise hinsichtlich der in diesem Alter auftretenden frühkindlichen (im Gegensatz zur pubertären) Onanie die Drohung der Eltern gegenüber dem Knaben, man werde ihm seinen Penis abschneiden, keine besondere Wirkung hat. Der Kleine weiß genau, dass dies nicht wirklich passieren wird, auch wenn er ein bisschen verängstigt ist. Anders jedoch in dem von Freud geschilderten Fall.

Dieser Junge hatte „das weibliche Genitale kennen gelernt durch Verführung von Seiten eines älteren Mädchens", schreibt Freud,[67] und so hat der Junge gesehen, dass das Mädchen tatsächlich kastriert worden war und

---

[66] Eine Deutung des puren Gesprächsmaterials genügt nicht, um das Unbewusste des Patienten zu interpretieren, der Therapeut muss aus der Übertragung heraus, also aus der Funktion heraus, die man ihm in Form von Wissen und anderen Beziehungen unterstellt, eine Deutung geben. Zudem muss die Deutung ein Äquivok enthalten, wozu ich gleich noch Stellung nehmen will.

[67] Freud, S., GW, Band XVII, Fischer (1999)

dort eine Art von Wunde hatte, wo doch ein Penis hinge-
hört. Jetzt hatte die besagte Drohung eine ganz andere
Wirkung. Weil das Visuelle, die Schau, das erregend
Imaginäre (Es *Strahlt*) mit dem Wort, mit der symbolischen Androhung (Es *Spricht*) zusammenfällt, kommt es
– so Freud – zur realen Kastrationsangst, die das Kind in
diesem Fall durch Spaltung löst: „Er schuf sich einen
Ersatz für den vermissten Penis des Weibes, nämlich
einen Fetisch. Damit hatte er zwar die Realität verleug-
net, aber seinen eigenen Penis gerettet". Na ja.

Ist es wirklich immer so, dass der erste Anblick des weiblichen Genitales so aufregend ausfällt? Wer das Gemälde
des Frühimpressionisten G. Courbet ‚Der Ursprung der
Welt' im Musée d'Orsay in Paris betrachtet, wird vielleicht auch ein wenig erstaunt sein. Denn dort geht es um
dieses ominöse Genitale in einer etwas provozierenden
Form. Ich selbst habe ganz andere Erfahrungen gemacht.
Ich erinnere mich, dass mir im Alter von vielleicht sechs
Jahren ein anderer Junge erklärte, die Mädchen hätten
zwei ‚Semmeln', wir nur eine. Es gab damals in der unmittelbaren Nachkriegszeit nur stark mittig eingekerbte
Semmeln, und so, dachte wohl mein Spielkamerad, sieht
der Po aus, aber auch – etwas kleiner – die Vulva des
Mädchens. Die Mädchen haben also zwei dieser signifikanten Merkmale, wir Knaben nur eines.

Diese Wertung leuchtete mir sofort ein, wenn mir auch
erst sehr viel später die Mehrdeutigkeit des Ganzen klar
wurde: erstens, dass die in der Geschichte Freuds abge-

werteten Mädchen als kastrierte Jungen hier deutlich besser wegkamen, weil wir Jungs ja nur eines von diesen Geschlechtssymbolen haben würden, die Mädchen aber sogar zwei. Zweitens, dass der Spielkamerad von Semmeln spricht, hatte wohl damit zu tun, dass dieses Gespräch zwischen mir und dem anderen Jungen in der erwähnten unmittelbaren Nachkriegszeit spielte, wo eine Semmel ein hohes Gut war, ja das Wertvollste überhaupt. Wir haben zwar nicht fürchterlich gehungert, aber eine frische Semmel war etwas Großartiges, das in unseren Seelen irgendwie ständig präsent war. Ich war durch meinen Spielkameraden nunmehr gänzlich aufgeklärt und dies noch dazu in solch plastischer und angenehmer, wenn auch ganz unfreudianischer Form. Trotzdem hat Freuds Geschichte ihre volle Bedeutung und stellt auch ein gutes Beispiel für den Begriff der Spaltung dar.

Die Spaltung ist etwas ganz Universelles, sie besteht auch zwischen dem Therapeuten und seinem Patienten, zwischen den Geschlechtern, zwischen Psyche und Körper und auch zwischen zwei differenten Teilen der Seele. Deswegen ist es ja von Vorteil, den Körper als ‚Übertragungsobjekt‘ zu nutzen wie es in der Meditation geschieht, auch wenn der Meditationslehrer ebenfalls etwas von der Übertragung, dieser positiven Einstellung, abbekommt. Manchmal spricht man auch von der Übertragungsliebe, und dass man sich seinem Körper in dieser positiven Weise zuwendet, veranlasst ihn auch, etwas Entsprechendes zurückzugeben. Natürlich frägt der Körper nicht zurück, was einem zu diesem oder jenem Aspekt noch einfällt, um dann wie der Therapeut eine druckreife Deutung zu geben. Er vermittelt auf unmittelbarere Weise, indem das das Resonanzorgan, das Echo-Organ des Körpers im Unbewussten anfängt sich plötzlich zu artikulieren, und gibt so den *Pass-Worten* ihre Stringenz und Direktheit.

Ich habe gerade oben von der Ähnlichkeit der Übertragungsdeutung gesprochen, weil auch hier ein Echophänomen auftritt oder auftreten sollte (was in Fußnote 60 als Äquivok bezeichnet wurde). „Die Triebe", sagt Lacan, „sind das Echo im Körper, weil es ein Sagen gibt", eine Silben-, Verb-, Phrasen-Resonanz. Denn das Ohr lässt sich nicht verschließen, alles sammelt sich im Echo-Organ als Stimmengeschwirr, das dann seinen Ausweg im ständigen Gequatsche, in den freien Assoziationen und auch in den *Pass-Worten* findet, die nunmehr endlich vermitteln, was gesagt werden will, nämlich die Wahrheit.

Zwischen dem Ich und dem Körper geht es auch um eine ‚getrennte, abgeschminkte Liebe', ein Autoerotismus ist nicht gemeint. Aber dass der Körper nicht nur das biologische Leben schenkt, sondern auch etwas zum Unbewussten beiträgt, hat Freud oft betont. Schließlich fasst er ja die Grundtriebe als körperbezogen auf, wobei er sich nicht klar war, ob hier Hormone oder Funktionen des Nervensystems eine Rolle spielen. Allerdings wollte Freud von den körpernahen Dingen nichts wissen, die im

Rahmen seiner Therapieversuche mit der Hypnose auftraten. Bei der Behandlung durch Suggestion verloren sich die Patienten an den Klang der Stimme Freuds. Sie haben den hypnotisierenden Therapeuten zu sehr als einen göttlich agierenden Arzt angesehen, sich einem Abhängigkeitsrausch an seine Stimme und seine göttliche Präsenz hingegeben und damit geglaubt, in jenseitigen Sphären zu wandeln. Für eine ernsthafte Therapie war das Metier dann verflacht und die Chance für eine sichtbare Öffnung des Unbewussten vertan.

Diese Gefahr besteht beim Körper als ‚Übertragungsobjekt' nicht. Es handelt sich nicht um Autoerotismus, wenn man sich dem *Strahlt / Spricht* hingibt und auf das kathartische Gefühl wartet, das diese Engführung der beiden Grundkräfte beweist, wie es ja auch im Schlaf der Fall ist. Nur fehlt im Schlaf die nötige Bewusstheit. Die Katharsis ist jedoch hilfreich beim Übergang zu den *Pass-Worten*. Sie gibt das Gefühl der Gewissheit, was nicht wissenschaftliche Präzision bedeutet. Eine solche kommt erst durch die *Pass-Worte* und ihre Deutung zustande, weshalb ich hier nochmals ein Beispiel zitiere, weil authentische Fallschilderungen sich am besten für das Verständnis des Verfahrens eignen.

So vernahm einmal einer meiner Probanden folgenden Spruch: „Ihre Arbeitskleidung hat sie schon". Jedenfalls klang es ihm ganz deutlich so aus der Tiefe herauf, und er wusste sofort, um was es ging. Mit ‚sie' war nämlich die Freundin gemeint, die er schon länger kannte und zu heiraten beabsichtigte. Und der Begriff ‚Arbeitskleidung' machte auch kein Problem, erzählte er mir, denn sie bestand gerade aus nichts, also nur aus ihrer nackten Haut, aus der gesamten Oberfläche ihres Sexappeals. So sehr ihn überhaupt das Auftreten solch eines *Pass-Wortes* erstaunte, so sehr erschrak er aber auch über die ironische, ja fast höhnisch vorgetragene Wahrheit dieses Spruchs, von dem er spürte, dass es ein Gedanke war, den er selber so nie denken würde. Und doch erkannte er mehr und mehr, dass es sein Gedanke war, der im Originalton viel eindrucksvoller ausfiel, als wenn er diesen Spruch beispielsweise nur geträumt oder von irgendwoher gehört hätte.

Doch empfand er auch eine erhellende Überraschung bezüglich der Flapsigkeit und Direktheit des Ausdrucks. Kein Freund, kein Therapeut hätte ihm das so überzeugend und entlarvend sagen können, dass er seine Freundin als Sexsklavin betrachtete. Schon gar kein Moralapostel. Freilich war die Wahrheit auch spöttisch, frivol, ein Witz unter Männern, aber irgendwie war sie auch beschämend. Vor allem aber gehörte sie zuerst einmal nur ihm, und das beglückte ihn, das fand er richtig toll. Dass man in sich selbst den Wahrheitsdedektor vorfinden kann, erlebte er wie eine kleine Sensation. Das erzählt man auch so leicht keinem anderen, nichts ist besser, als wenn es – umgekehrt – einem vom Therapeuten oder vom *Anderen* in einem selbst erzählt wird.

Er fühlte sich stark motiviert, mit den Übungen weiter zu machen. Aber er gestand diese Art von Wahrheit auch bald danach seiner Freundin, worauf sich beide viel Zeit für Gespräche über ihre Beziehung nahmen. Hatte er sie immer nur so gesehen? Konnte man offen über Phantasien sprechen, die jeder hinsichtlich ihrer Verbindung hatte? Wie oft kommt man einfach nicht darauf, das richtige Wort, den richtigen Anfang eines Gesprächs zu finden? Man muss den Wahrheitsdedektor in sich anrufen, doch dies geht nicht in der üblichen Weise eines Vorsatzes oder einer zu krassen Enthüllung, die man sich nicht zutraut. Wenn man einen Traum erzählen kann, wenn der andere ihn zu deuten weiß, mag dies ein ähnlich guter Einstieg in vertiefte und ehrliche Kommunikation sein. Aber wer kann dies schon? Selbst der Therapeut muss oft ganze Traumserien gehört haben, um eine zutreffende Deutung geben zu können.

Dagegen sind die *Pass-Worte*, die durch die aufschlüsselnde Struktur der *Formel-Worte* in Gang kommen, ein idealer Anstoß zur Selbstpraxis, Selbstanalyse und erweiterter Kommunikation. Sie haben mit der Linguistik der Lüge, aber auch der der Wahrheit zu tun. Dass sie „ihre Arbeitskleidung schon immer hat", damit deckte mein Proband die Lüge auf, dass Frauen gerne in dieser Kleidung arbeiten wollen. Es ist ja alles schon vorhanden, die Freundin braucht ja nur loszulegen. Mein Proband wusste sehr wohl, dass dies nicht in Ordnung war, aber er hatte es nicht begriffen. Auch im Unbewussten wissen wir alles, auch im Schlaf wissen wir manchmal, dass wir träumen, und selbst wenn wir dieses Wissen verstanden haben, haben wir es dennoch nicht begriffen. In den *Pass-Worten* verstehen wir den Sinn nicht immer ganz genau, aber sie helfen uns, ihn zu begreifen, wenn man ehrlich ein paar erweiternde Gedanken dazugibt.

Dieses Unmittelbare der Konfrontation mit der Wahrheit findet im Freud'schen „Glücksgefühl bei Befriedigung einer wilden, vom Ich ungebändigten Triebregung", also einem körperbezogenen Genießen, nicht statt. Eben dies fällt auch bei Ersatzbefriedigungen und gezähmten, ‚zielgehemmten' Triebbefriedigungen weg und das Ungebändigte kann so nie und nirgendwo direkt umgesetzt werden, weil die menschliche Konstitution, soziale Regeln und Kulturleistungen dem entgegenstehen wie Freud erklärte. Die Wahrheit muss also anderswie gefunden werden.

In der *Analytischen Psychokatharsis* aber existiert solch ein zwar nicht körperliches, aber körperbezogenes Genießen, die Katharsis nämlich, die ganz ‚anders herum' den Trieb befriedigt und auch zur Wahrheit beiträgt. Durch Selbstsublimierung gesteigert findet die Triebregung nämlich einen direkten Weg in den Bereich, den Freud „Wahrnehmungsidentität" nennt, also den ursprünglichsten Bereich des Psychischen, diesmal – also im Fall des *Pass-Wortes* – jedoch nicht nur in Form einer Halluzination eines zugrundeliegenden Wunsches, also auch einer Art von Befriedigung des Ungebändigten (eines *Strahlt*'), sondern eines innehaltenden Genießens, das auch sprechen kann (eines *Spricht*').

Dieses *Spricht*' ist von der Nähe zur Psychose befreit, denn es unterliegt dem „Wächter unserer geistigen Gesundheit", der *Zensur*', die selbst im Schlaf wirksam ist und von etwas ausgeht, das zwischen Es-Widerstand, Ich und Überich angesiedelt ist. Die *Zensur*' verhindert, dass wir morgens als völlig anderer aufwachen, als der wir abends zu Bett gegangen sind. Und so hilft sie auch in der Halbwachheit der Meditation zu verhindern, dass ständig andere Gedanken als die der *Formel-Worte* überhand nehmen können, wenn man diese – vielleicht mit kleinen Abständen – konsequent übt. Nur in den kurzen Momenten, in denen der Zensor doch etwas nachgibt, kommen Allerweltsgedanken aber auch die *Pass-Worte* zutage, die man kurz rational verwerfen kann, oder als doch interessant aufnimmt und bewahrt.

Oder man schläft ein, auch das kann passieren, denn der Zensor schläft nicht, er dient ja der Überwachung des Schlafs. Nach dem Verwerfen eines *Pass-Wortes* werden gleich wieder die *Formel-Worte* geübt, und so kann kein pathologisches Phänomen auftauchen. Will man das Pass-Wort jedoch verwerten, beendet man die Meditation. Das Genießen, das auch sprechen kann, ist mit der Katharsis eng verbunden, denn nur so ist auch zu verstehen, warum die Spaltung dadurch überwunden werden kann.

Die zwei Übungen der *Analytischen Psychokatharsis* erscheinen zwar anfänglich wie getrennte Übungen, gehen aber nach einiger Zeit des Übens ineinander auf. Die erste Übung führt dann über den kathartischen Weg zum Nach-Innen-Hören, ja oft auch schon automatisch zum *Pass-Wort*. Denn es wird ja im ‚Durchrieseln' eine neue Art der Körperwahrnehmung, der Flug, oft sogar Überflug des kathartischen Genießens erreicht, von dem aus die zweite Übung ihren Schwung bekommt. Dies ist ja gerade der Unterschied zur herkömmlichen Psychoanalyse, die diese Höhe nur durch Intellektualität und Einsicht verwirklichen kann. Wenn die Spaltung nur in andere Bereiche hinein verschoben würde, hätte es keinen Sinn.

7. Prometheus

Noch ein letztes Mal zum Thema des Lebens im Angesicht des Todes. Denn – um es nochmals abschließend zu sagen – geht es darum nicht nur bei Sisyphos, sondern auch in den Situationen des heutigen Daseins, und das ist gut so. Man muss den Tod spüren und auch wieder beiseite schieben können, wie es Lacan von der „l'homelette" (aus homme, Mann und omelette) sagt, dem lamellenartigen ‚untoten Objekt' der Freud'schen Libido. Ich erkläre diese ‚l'homelette', das ‚untote Objekt' vorerst erneut als die Zusammenfügung des Spiegel- und Echopunktes im Nervensystem, aber auch im Unbewussten. Vor allem vom Imaginären her, das in der Meditation eine Raumausweitung mit sich bringt, sehe ich das Unbewusste als etwas sich über die Gehirnfunktionen wie eine ‚l'homelette' Stülpendes. Ist es das Gespür des Herzens oder der Blick des Visuellen (Sehrinde im Occipitallappen des Gehirns), das diese Berührungserfahrung zwischen Neurologischem und Psychischem möglich macht?

Die Freud'sche Libido kann auch asexuell sein, sie ist mit dem Begriff Energie nur schlecht zu erklären. Sie kann sich rühren, kann ein sich windendes *Strahlt* sein, ein sich in- und auseinander Schieben der Körperbilder, und erinnert besser an das ‚Prana' genannte Fluidum im indischen Yoga. In der Frühphase der Kindheitsentwicklung verbleibt das Heranwachsende in solch einen Imaginär-realen Zustand, der erst weitgehend unkontrolliertes Psychisches repräsentiert. In der ersten Übung der *Analytischen Psychokatharsis* das Luzide, Helle und dieses befreiende ‚Durchrieseln' eine Ausdrucksform dieses Imaginär-Realen, dieses ‚untoten Objekts' sein. Es ist kein organisiertes Lebewesen, ist aber doch fluide, rhythmisch, unbewusst psychisch und insofern nicht tot. Aber es hat Objektcharakter, man kann konkrete Aussagen darüber machen, und davon lebt ja die Psychoanalyse.

Mit diesem Begriff der ‚l'homelette' kann man gut psychosomatische Krankheiten erklären, Kopfschmerzen, Migräne zum Beispiel, denn dann überlagert das aus seelischen Konflikten in andere Körperbereiche Gewundene die Blutgefäße im Kopf, die schmerzempfindlich sind (das Gehirn selbst ist schmerzunempfindlich). Man kann auch Sisyphos Stein damit erklären, denn ist dieser nicht ein ‚untotes Objekt'? Schließlich trollt er, es, sich wieder vom Gipfel hinunter, und vielleicht ist Sisyphos so gesehen ein Rheumatiker, der seine Schmerzen mit sich rauf und runter schleppt, oder ein Übergewichtiger, der mit den zu vielen Pfunden das Gleiche tut (in erste Linie glaube ich jedoch wie im anfänglichen Text beschrieben, dass es die vermurkste Libido ist, mit der er sich quält).

Ein ganz ähnliches Schicksal – und wo manches noch besser herauskommt – wie bei Sisyphos erlitt auch Prometheus. Viele Schriftsteller – unter anderem auch wieder Camus – haben Prometheus als den Helden beschrieben, der den Menschen das Feuer des wahren humanen

Seins, das Feuer von Kunst, Wissenschaft und Kultur gebracht habe, aber die Menschen heute seien wieder weit zurückgefallen und so sei es notwendig, einen neuen Anlauf in diese Richtung zu unternehmen, so Camus. Wie Sisyphos hat Prometheus mit den Göttern gehadert, war aber auch Teil von deren Kosmos. „Die heutige Menschheit", schreibt A. Camus, „erstrebt einzig das Technische. Sie gelangt zum Ausbruch in ihren Maschinen und hält die Kunst und ihre Ansprüche für ein Hemmnis . . ."

„Hingegen ist es für Prometheus kennzeichnend, dass er die Maschine nicht von der Kunst trennen kann. Er glaubt an die gleichzeitige Befreiung des Körpers und der Seele . . . Der Mythos des Prometheus erinnert daran, . . dass man dem Menschen nur dient, wenn man ihm ganz dient.[68] . . . Die Sehnsucht nach Licht", schreibt Camus nun weiterhin ganz persönlich, hat ihn wie Prometheus selbst in den Krieg geschickt, „Ich habe mich in die Reihen eingefügt, die vor den offenen Höllentoren aufmarschierten. . . . Der Mensch ist überall, überall sein Schrei, sein Schmerz und sein Drohen", und so ist für Camus, der sich wohl damals selbst zur Armee gemeldet hat, aus dem Weg nach Licht höllisches Feuer geworden, was ihn also an Prometheus erinnerte. Vielleicht war es aber auch eine andere Art der Liebeslüge als die, die ich eingangs beschrieb.

---

[68] Camus, A., in Mythos Prometheus, Reclam Verlag (1995) S. 144-47

Denn etwas in dieser Art beschäftigte Camus lebenslang, die Frau nämlich, die er heiratete, war Morphinistin und betrog ihn, wo es ging. Resultierte dies aus der eigenartigen Beziehung, die Camus zu der anderen Frau in seinem Leben, seiner Mutter, hatte, die eine fast stumme, etwa vierhundert Worte beherrschende, seelisch gestörte Analphabetin war. „Camus verehrte sie wie eine Heilige, obwohl er sie als unzugänglich, ja abweisend, apathisch und schicksalsergeben beschreibt. Die Mutter", so I. Radisch, „steht am Anfang und am Ende seines Weges. (…) Die Mutter ist der Maßstab, den Camus an die Welt anlegte".[69] Eingezwängt zwischen diese außergewöhnlichen Frauen brauchte Camus seine antiken Heroen.

„Doch die Mythen leben nicht aus sich selbst. Sie warten darauf, dass wir sie verkörpern", und so wendet sich Camus wieder der positiven Seite seines Helden zu. „Der gefesselte Held bewahrt inmitten von Blitzen und göttlichem Donner seinen ruhigen Glauben an den Menschen. Und so ist er härter als der Fels und geduldiger als der Adler," schreibt Camus zum Schluss. Seine Deutung des Prometheus Mythos liegt tatsächlich mehr auf der Ebene einer imaginär-realen Schilderung als auf nüchterner Sprach-Symbolik. So finde ich, dass der Prometheusmythos wie der von Sisyphos der *Analytischen Psychokatharsis* näher liegt als der Psychoanalyse. Denn im mehr Meditativen geht es auch darum, die Maschinen und die

---

[69] Radisch, I., Camus: Das Ideal der Einfachheit-Eine Biographie, Rowohlt (2014)

Kunst, Körper und Geist, zusammen zu retten, nachdem man einen Blick in die Hölle geworfen hat.[70]

Wie bekannt soll der den Titanen zugehörige Prometheus Zeus getäuscht haben, indem er beim Tieropfer Zeus die schlechten und den Menschen die guten Stücke zuteilte. Zeus verweigerte daraufhin den Menschen den Besitz des Feuers, doch Prometheus stahl es ihm, um es den Menschen zu bringen. Dafür wurde er allerdings an einen Felsen im Kaukasus geschmiedet, wo ein Adler täglich kam, um von seiner Leber zu fressen. Doch die alten Griechen wussten damals schon, dass die Leber das Organ ist, das am besten regeneriert. Die halbe Leber z. B. wegen Metastasen zu entfernen ist für heutige Chirurgen somit kein Problem.

Wenn Freud schon über Sisyphos nichts geschrieben hat, über Prometheus hat er sich kurz geäußert. Er sagt allerdings etwas diametral anderes als Camus und die meisten anderen Autoren. Er schreibt, dass das psychoanalytische Material zur Figur des Prometheus zwar unvollständig sei, doch wenigstens eine — phantastisch klingende — Vermutung über den Ursprung dieser menschlichen Großtat zulasse. Zur Konfrontation des Frühmenschen mit dem Feuer sagt er, es sähe so aus „als wäre der Urmensch gewohnt gewesen, wenn er dem Feuer begegnete,

---

[70] Der erste Blick ins Dunkel beim Sitzen in Meditation ist immer etwas nicht so ganz Heimisches, doch es lichtet sich schnell, wenn man eine klare, psychoanalytisch gesicherte Methode nutzt.

eine infantile Lust an ihm zu befriedigen, indem er es durch seinen Harnstrahl auslöschte".[71] Typisch Mann sozusagen. Aber wohl auch typisch Freud, könnte man ergänzen.

„An der ursprünglichen phallischen Auffassung der züngelnden, sich in die Höhe reckenden Flamme kann nach vorhandenen Sagen kein Zweifel sein. Das Feuerlöschen durch Urinieren . . . war also wie ein sexueller Akt mit einem Mann, ein Genuss der männlichen Potenz im homosexuellen Wettkampf. Wer zuerst auf diese Lust verzichtete, das Feuer verschonte, konnte es mit sich forttragen und in seinen Dienst zwingen. Dadurch dass er das Feuer seiner eigenen sexuellen Erregung dämpfte, hatte der Frühmensch so die Naturkraft des Feuers gezähmt. Diese große kulturelle Eroberung wäre also der Lohn für einen Triebverzicht. Und weiter [klingt es so], als hätte man das Weib zur Hüterin des auf dem häuslichen Herd gefangen-gehaltenen Feuers bestellt, weil ihr anatomischer Bau es ihr verbietet, einer solchen Lustversuchung nachzugeben. Es ist auch bemerkenswert, wie regelmäßig die analytischen Erfahrungen den Zusammenhang von Ehrgeiz, Feuer und Harnerotik bezeugen".

Sicher verhält es sich so, dass nicht ein Urmensch Göttern das Feuer gestohlen hat, wie es im Mythos heißt, sondern dass es wohl darum ging, wie die ersten Menschen das durch Blitzschlag ausgelöste Feuer in Wald

---

[71] Freud, S., GW, Bd. XIV, S. 449

oder Steppe gezähmt und bewältigt haben. Es muss ihnen tatsächlich als ein vom Himmel geschicktes dramatisches Ereignis vorgekommen sein, bis sie lernten es – barfuß und ohne Geräte – aus einer Feuersbrunst oder Glut etwas heraus zu manövrieren und dann in einer Mulde oder sonst wo mit brennbarem Material begrenzt am Leben zu erhalten. Es mag ja sein, dass die Menschen, und hier speziell die Männer, später, als man die Flammen gut im Griff hatte, bemerkten, dass das Brennen der Flammen und das der Harnröhre beim Urinieren die gleiche Sensation, das gleichermaßen gefühlte Ereignis war. Aber hat das noch etwas mit dem Wesenskern des Prometheus zu tun?

Freud meint ja, weil es im Mythos heißt, Prometheus habe die geraubte Feuersglut in der ,Höhlung' eines übergroßen ,Fenchelrohrs' versteckt zur Erde gebracht. Zwar räumt Freud ein, dass das Wort ,Höhlung' seine Deutung des Rohres als reinem Phallussymbol stört, doch läge eine für den Traum oft typische Form, nämlich die „Verwandlung ins Gegenteil" vor, so dass es um das Wasser des Harnstrahls geht, der im Rohr transportiert wird und mit dem das Feuer gelöscht werden kann. Und weiter: der Feuerdiebstahl muss betraft werden, hier, in psychoanalytischer Sichtweise jedoch, in einer „Feuerlöschentsagung"![72] Dieser Spaß, die Entleerung der Harnröhre zu genießen, gehört verboten, konstatiert der Psychoanalytiker Freud, indem er aus dem ,göttlichen Vor-

---

[72] Freud, S., GW Bd. XVI, S. 5

recht' (das durch Strafe erhalten werden muss) das neu-zeitliche Überich einsetzt.

Ich glaube es geht wie bei Sisyphos hier um zwei verschiedene Dinge. Sisyphos stirbt zweimal und lebt (als Sonnennatur, als Held, als Schwerarbeiter) doch auch irgendwie zweimal weiter. Prometheus steht für den Bringer und Zähmer des glutvoll Brennenden innen wie außen, denn Freud hat recht, dass die Frühmenschen „seelische Vorgänge mit körperlichen Äußerungen" eng verbunden haben. Alles war irgendwie körperhaft animiert, physisch beseelt, feuriges und libidinöses Brennen waren nicht immer ganz trennbar (ich erinnere an den „inner touch" von Heller-Roazen, dieses ‚Könästetische', also das gemeinsam, nämlich innen und außen Empfundene).[73] Ist es vielleicht dieses alle vereinende erotisierte feeling, das Prometheus den Menschen gebracht hat?

Doch kann man sich dann freilich auch andere Zusammenhänge vorstellen, bei denen es nicht gerade in der Harnröhre, sondern auch an Händen und Füßen, in Herz und Hirn gebrannt hat. Die Libido hat auch Korrespondenzen im Inneren des eigenen Körpers. Im Rahmen der primären narzisstischen Entwicklung, einer Art direkter Spiegelungs-Eigenliebe, kann es doch mehr mit dem Visuellen, mit den Fühlern des Blicks zu tun haben, als mit dem Rinnen in der Harnröhre. Freud selbst berichtete,

---

[73] Heller-Roazen, D., Der innere Sinn: Archäologie eines Gefühls, fischer wissenschaft (2012)

dass „es so wäre, als ob das Unbewusste mittels des Systems *Wahrnehmung-Bewusstsein* [also eines unbewussten Blicks] der Außenwelt Fühler entgegenstrecken würde, die rasch zurückgezogen werden, nachdem sie deren Erregungen verkostet haben".[74]

Es handelt sich demnach eher um ein Brennen im Sehsystem, in den Körperbildern, was wieder an das ‚Durchrieseln', an das Es *Strahlt* erinnert, das mehr Gleißen als Brennen ist, doch das ist ja für das Unbewusste besonders typisch. Es ist ja der Brennpunkt des Gehirn-Konkavspiegels, der *Strahlt*-Spiegel-Punkt, der in Psychoanalyse und Meditation bedeutsam ist. Auch Luzifer, der Licht-Feuer-Bringer im monotheistischen Universum ist nicht in erster Linie durch seinen ‚urethralen Ehrgeiz' aufgefallen, so sehr dieser Begriff in der psychoanalytischen Behandlungssituation seinen Stellenwert hat.

Wie gesagt hat der Libido-Begriff Freuds für den Mythos, für die Psychoanalyse, aber auch für die *Analytische Psychokatharsis* seine Berechtigung. Libido ist genauso „Sehnsucht nach Licht" und „höllisches Feuer" wie Camus es thematisiert. Zweifellos hat der Licht-Feuer-Bringer immer auch etwas Pathologisches an sich, das zwar heute nicht mehr wie im Mythos mit Strafe verbunden ist oder in der Religion mit Warnung vor dem Teufelswerk. Aber unproblematisch ist es auch heute noch nicht, auch wenn wir heute alle libidinösen Extravagan-

---

[74] Freud, S., GW XIII, S. 387-91

zen und Genderfreiheiten tolerieren, kann es doch oft an einem Zuviel daneben gehen. Nicht umsonst nennt Lacan den Sex eine Scheinbeziehung, es ist nämlich nicht nur der Anschein, den das Ganze hat, sondern auch der grelle Schein der Lust, des ‚Lichts', des ‚Feuers', der mitspielt. Auch die Schaulust, der erotisierte Blick, die verdeckten Formen von Voyeurismus und Exhibitionismus eines jeden gehören dazu.

Tolerieren heißt nicht, dass man die Genderfreiheiten im umfassendsten und konstruktivsten Sinne anerkennen muss. In einer Herzkreislauf-Rehaklinik, in der ich ein Jahr lang arbeitete, wurde den Herzkranken stets gesagt, sie sollten lieber masturbieren, wenn die sexuelle Spannung zu groß würde. Mit anderen Worten: eine ‚urethrale Ableitung' sei nie ganz schlecht, sei entspannend. Denn der Kur-schatten sei nicht die richtige Hilfe. In einer Zehn-Jahres-Statistik dieser Klink wurde vierzehn Mal ein sogenannter ‚Liebestod' eruiert, der sich nur einmal mit der zu Besuch weilenden Ehefrau, sondern vorwiegend mit anderen Frauen, die selbst zur Reha waren, ereignete. Anscheinend ist die Spannung mit einer anderen als der angetrauten Frau deutlich höher und so auch das Risiko für einen erneuten Infarkt. Doch die Empfehlung zur Masturbation fand ich auch nicht sehr geeignet. Lacan meinte, Masturbation sei das Genießen des Idioten, schließlich findet sie mit einem Foto oder nur mit einer Phantasie statt und nicht mit einem lebendigen und originären Anderen.

Aber was ist nun an Prometheus wirklich dran? Auch in einer Nervenklinik arbeitete ich ein Jahr lang und betreute einen Patienten anschließend noch fast zwanzig Jahr lang. Er schrieb Gedichte und Texte, die ich in einem Buch zusammen mit dem Therapieverlauf veröffentlicht habe.[75] In einem dieser Texte geht es um Prometheus, mehr jedoch wieder in die Richtung Camus', vielleicht hat mein Patient sogar einiges von ihm übernommen, denn es klingt ähnlich.

„Ich hatte gehofft Prometheus zu treffen, der meinen Schmerz kennt, die Dichtigkeit, die mich fest macht. An seine Festigkeit, an das spürbar Dichte, war Prometheus gefesselt. Wir sind an unsere Gedanken gekettet, nackt wie Prometheus an die Härte seines Felsens, der das Maß der Seele ist. Ich mag diese Welt nicht, in der nichts stimmt, ich mag die Menschen nicht, die das alles seelenruhig mitmachen. Ich mag die Schmerzlosen nicht, die immer siegen, auch nicht die Aufgeregten, Aufgeragten, die oben immer oben stehen. Ich mag das Leben nicht. Wir sind wie Prometheus ein Stück über das alles hinaus, wie der erste große Mensch".

Ich sehe, wie Prometheus seinen Adler erwartet, liebevoll, ungeduldig, der ihm die Erleichterung bringen wird, die Regeneration. 'Wann wirst du wiederkommen, um von mir zu fressen`, ruft er ihm nach, denn die Leber

---

[75] Hummel, von, G., Das Gerade und das Gekrümmte, BoD (2012)

schmerzt nicht. `Wann kommst du wieder´? ´Morgen`. Immer wieder wird es ein Morgen geben. Die Blicke werden sich treffen, ohne ein Bild zu ergeben. Denn, wie A. Gide sagte, ist „Prometheus schlecht gefesselt", sein Adler ist nichts anderes als seine Liebe zu seinem eigenen Schatten. Und so ruft Prometheus ihn immer neu: „Komm wieder und bring endlich das Bild der Freiheit mit, ich kann meinen Schmerz aushalten"! Eines Tages schüttelte Prometheus seine Ketten ab (angeblich hätte ihn Herakles befreit), nahm seinen Adler mit und lebte, wo er wollte, pur."

Mein Patient war wirklich Schmerzpatient, manchmal litt er unter einer Gesichtsneuralgie, die vielleicht auch von den Behandlungen mit Neuroleptika stammte. Doch der schmerzliebende, masochistische Prometheus kann nicht seine Rettung sein, dachte ich mir. Meiner Ansicht nach ist Prometheus der Sozialist, der die Menschen deutlich mehr liebte als seiner Göttergefährten. Doch dem rechts-populistischen Diktator Zeus sind die Sozialhilfen seines ursprünglichen Parteigenossen ein Dorn im Auge. Wie so oft, werden die Sozialisten mit den schwachen und neuro-tischen Geistern gleichgesetzt. In der Neurose herrscht die Angst-Lust vor, schreibt der Psychoanalytiker M. Balint,[76] und so ein bisschen Neurotisches könnte man ja bei dem ständigen Dieb Prometheus vermuten. Stehlen ist eine Form der Angs-Lust par excellence.

---

[76] Balint, M., Angstlust und Regression, Rowohlt (1972)

Aber ich ließ meinen Patienten weiter reden und schreiben. *„Ich sehe die schrecklichen Dinge, Kriege, Kinderarbeit, Ausbeutung, psychische Vernichtung, kann man da noch ohne Schmerz sein? Prometheus sagt doch nur zu seinem Adler: diese Prinzipien, Vorschriften, Gesetze, Privilegien, all diese Götter missachte ich. Nicht Karriere, nicht Spitzen-Manager, nicht einer von diesen Top-Leuten sein, die da Olymp spielen. Nein, unter der Schickeria, unter den mediengeilen Promis will Prometheus nicht bleiben, und so schmiegt er sich an die pyritene Haut seines Felsens, wärmt sich an dessen Adern aus Kupferoxid und Glimmer. Die Ästung feiner Granitspuren, Amethystkristall, rhombische Runen, die ihm zuhören und zu ihm sprechen: Tröstung, Huldigung, solange du mir in der Festigkeit treu bleibst, wirst du den Menschen das Strahlende bewahren, wird deine Tat eine wichtige Tat bleiben, und ein Rettung für andere sein. "*

Sisyphos, Prometheus und viele andere mythische oder sonst vorbildhafte Gestalten, sie alle machen uns die menschlichen Beziehungen klarer, aber letztlich nicht klar genug. Bei den alten griechischen Heroen gibt es immer so viele Interpretationsmöglichkeiten und bei den großen Dichtern und Philosophen ist es eigentlich auch nicht anders. Auch Wissenschaftler werden trotz ihrer Genauigkeit und Wissensbezogenheit nicht zu für immer geltende Propheten. Ihre Forschungsergebnisse werden nicht wider-legt, aber sie werden zu Spezialfällen, die im Rahmen der Gesamtheit einer Wissenschaft stets unbe-

deutender werden. Dies moniert auch der Wissenschafts-
philosoph H. Hastedt, wenn er schreibt, dass „der Geist in
der Teilnehmerperspektive als *Subjekt* der Erkenntnis
methodisch vorrangig ist gegenüber Geist und Körper als
Erkenntnis-*Objekt*en in der Beobachterperspektive.[77] Was
immer seinen Wert behalten wird, ist daher der Weg jedes Einzelnen nach innen, zum zentralen Subjektpunkt,
zum Es als dem *Anderen* eines jeden Selbst.

Nicht wer früher stirbt, ist länger tot, sondern wer besser
stirbt, weiß wirklich, um was es in der Auseinandersetzung mit dem absoluten Ende geht. Das ist die Lehre von
Sisyphos, Prometheus und vielen anderen Dichtungen.
Gut sterben soll heißen, nicht besser, aber doch richtig zu
leben, und zwar mit einer geschulten Regression, mit
einem gesicherten Zurückblicken, ja einem ‚Zurückleben
und Vorwärtssterben' zu verfahren. Ein Leben ohne eine
derartige Rückversicherung, also ohne eine Verstärkung
von rückwärts her für ein endgültiges Vorwärts, hat wenig Sinn. Schließlich ist es notwendig, wenn man eines
Tages einfach nicht mehr will, wenn es von selbst laufen
muss, wenn es also ein absolutes Ende gibt, dass man
dann nach vorwärts sterben kann.

Nach vorwärts sterben soll nicht heißen wieder in ein
neues Leben hineinsterben, sondern in den allerletzten
Lebenssinn hinein, der gut, frei, kreativ – wie ich es anfangs geschrieben habe – von selber (speziell durch die

---

[77] Hastedt, H., Das Leib-Seele Problem, Suhrkamp 1989) S. 291

Pass-Worte) kommen muss. Dieses ‚Von-Selber‘ muss man freilich als das Geschenk des Unbewussten wahrnehmen können. Minderwertigkeitskomplexe und das ‚Nichts-Mehr-Gelten‘ des alternden Menschen blockieren diese Sicht. Dann ist es gut – so wie es ja auch Sisyphos getan hat – mit dem Tod, der ja schließlich nichts anderes als auch eine Seite des *Anderen* im Unbewussten ist und dessen Antworten stets *Pass-Wort* gerecht sind.

Zu sagen, dass man mit den Tod reden soll, würde als zu direkt, zu pauschal und fast paradox klingen, denn heutzutege sehen wir ihn nicht mehr als eine Person an, die schwarz gekleidet unvermutet an die Tür klopft. Ihn aber als die Seite der Negation des *Anderen* zu sehen, gibt ihm eine psychoanalytisch bewiesene Form, indem dieser, dieses *Andere* ein „Spiegel ist, in dem sich das Wahre des Blick begründet" (Lacan, Seminar XVII). Dies gilt insofern als auch ein *Spricht* mitwirkt (man könnte sagen: das Wort in seiner B(r)uchstabenform), was der Punkt der Identitätsfindung ist, bei der der Tod immer im Hintergrund steht.

In der Analytischen Psychokatharsis wird das ‚Wahre des Blicks‘ in der kathartischen Befreiung der ersten Übung vorgebahnt. Es wirkt wie eine Verschmelzungserfahrung von kurzer Dauer, der eine elementare Assimilationssehnsucht, eine Verschmelzungsvorstellung mit dem primären Spiegel zugrunde liegt, der in der Tiefe eines jeden Menschen *Strahlt*. Das Verschmelzungsphantasma allein zu befriedigen hat nur wenig Wert, ja, kann auch

Grundlage der Neurose werden oder ist gar ganz unmöglich. Deswegen muss das ‚Wahre des Spiegelblicks' in der zweiten Übung durch eine Deutung, ein *Pass-Wort* gekrönt werden. Doch auch das ist vielleicht nicht das letzte Ziel, das im Sterbenleben, in dieser letzten Phase, die N. Sestan beschrieben hat, erreicht wird. Dort und nur dort wird das Verschmelzungsphantasma wirklich erfüllt.

Das und nur das ist der Sinn dieses zweimal Sterbens, des einen, den die Ärzte mit großartiger Medizintechnik feststellen, und das anderen, der erst noch die Verschmelzungs-Erfahrung oder –Erkenntnis oder wie man es immer sagen mag, abwartet, bevor wirklich alles vorbei ist. So und nur so, wenn diese Zwischenphase noch – ja was? erfahren? durchwandert? kein Wort passt – kann man glücklich sterben.

Ich will hier keine philosophischen Lehrweisheiten verkünden. Dass man ohne den Tod im Hintergrund nichts von der Wahrheit des Lebens weiß, kann man überall von woanders her haben. Diesbezüglich muss man auch die Frage der Sterbehilfe diskutieren. Sie wird zunehmend mehr in die Hände der Suizid Willigen selbst gelegt. Nicht selten ist jemand dabei, der nicht an einer schweren, unheilbaren Erkrankung leidet und dennoch den vorzeitigen Tod wünscht. Der Suizid verhindert natürlich, dass man noch das Zwischenreich des Lebens im Sterben erfahren und genießen kann, das sollte man wissen.

Es ist besser, noch zur üblichen Lebenszeit in diesen Vexier-Spiegel der eigenen Identität selbst zu schauen, wo sie sich in der *Strahlt*-Form (erste Übung) und *Spricht*-Form (zweite Übung) am besten zeigt und wo das beste Vor-Verständnis für diese letzte Lebensphase erreicht werden kann. An einer konkreten Praxis kommt man nicht vorbei. „Grau ist alle Theorie", sagte Goethe," und grün des Lebens goldner Baum". So kann man sich auch den Tod vergolden. Wie die Praxis funktioniert, von der eine Unze wichtiger ist als eine Tonne Theorie, beschreibe ich kurz zusammenfassend im Anhang.

Anhang

Das Verfahren der *Analytischen Psychokatharsis* ist von seiner praktischen Seite her wie schon zum Teil beschrieben sehr einfach. Trotzdem noch eine kurze Zusammenfassung und weitere *Formel-Worte* holt rein gedanklich langsam hintereinander ein, zwei oder bis zu fünf *Formel-Worte*,[78] während man gleichzeitig darauf achtet, ob etwas auftaucht, das den Charakter eines 'Es Strahlt' hat. Bei dem „*Strahlt*" kann es sich um eine Erhellung, Körperbildwahrnehmung, ein Schimmern, einen 'Lichtpunkt' oder eine grundlegende Luzidität handeln, dem eben solch ein Phänomen zukommt. Das *Strahlt* ist also nicht etwas, das man selbst imaginieren, erzeugen oder gar erzwingen muss. Es ist in jedem Menschen als Primärform eines Kräftegeschehens vorhanden und muss so nur geweckt oder erwartet werden. Genauso kann aber auch ein 'Durchrieseln' zu spüren sein[79] oder die Emp-

---

[78] Weitere *Formel-Worte* sind in anderen Veröffentlichungen oder auch auf der hinten angegebenen Webseite zu finden. Vorerst genügen die hier erwähnten. Mehr als fünf sollte man nicht benötigen.

[79] Damit ist eine Erfahrung gemeint, die etwas mit atavistischen Gefühlsreaktionen zu tun hat. Die Frühmenschen haben noch viel mit ihrer unbedeckten Haut gefühlt, ertastet und umweltbezogen kommuniziert. Auch bei bewegenden Musikstücken, wenn es einem wie einen durch einen den Rücken herunterrieselnden Schauer erfasst, greifen wir auf diese eben besonders tief gehenden Emotionen zurück. In der Analyti-

findung auftauchen, wie sich das eigene Körperbild verschiebt, sich weitet oder es einfach nur als schwarze Farbe, als Fleck vor den geschlossenen Augen festzustellen
ist. Denn schwarz ist schon eine Wahrnehmung, die sich
von der Dunkelheit im Kopf ganz gering abheben kann.
Egal was auch immer ‚gesehen' oder erfahren wird, es
wird den Charakter von einem auch nur ganz geringem
‚Es *Strahlt*' haben, und das genügt.

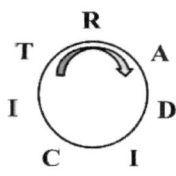

Dadurch tritt eine Entspannung ein,
eine Katharsis, eine Befreiungserle-
ben, das besonders dadurch gesteigert
werden kann, wenn gleichzeitig die
besagten *Formel-Worte* rein mental
geübt werden. Links ist nochmals ein
weiteres *Formel-Wort* dargestellt. Auch dieses (RA-DIC-
IT) ist kein normales Wort aus dem Lateinischen, aber es
beinhaltet mehrere sich überschneidende Bedeutungen in
einer Formulierung, es ist ‚linguistisch kristallin' aufgebaut. Außer dem radiat und dicit (*Strahlt* und *Spricht*)
ergeben sich im Kreis geschrieben und von verschiedenen Buchstaben aus gelesen mehrere disparate Bedeutungen. So kann man hier z. B. auch „adi cit r" (geh heran,
es bewegt R) „C i tradi" (hundert I übergeben), „citra di"
(diesseits die Götter), „dicit ra" (es sagt ra), „r adic it"
(füge r hinzu, es geht), „radi cit" (gekratzt werden, es
bewegt sich), „trad ici" (erzähle, ich habe getroffen) etc.

---

schen Psychokatharsis wird diese Erfahrung jedoch als Bestäti-
gung einer Erkenntnis genutzt z. B. bei den *Pass-Worten*.

herauslesen, wobei vieles recht unsinnig klingt. Dies hat jedoch für den formalen Ausdruck keinerlei Bedeutung. Ausschlaggebend ist nur, die wissenschaftliche Begründung (mehrere Bedeutungen in einer Formulierung, Verwendung nur anderer Schnittstellen) klar darlegen zu können, und dies ist für das Verfahren sehr wichtig, weil man nur so volles Vertrauen in die Methode haben kann.

Dies ist die erste Übung, die auf tatsächlichen Vorgaben der Psychoanalyse beruht, weil durch das mentale Reverberieren eine Regression (ein innerlicher Rückzug) erzeugt wird, die sich gleichzeitig nur auf einen eingeengten Aspekt des Wahrnehmungs- bzw. Schautriebs konzentriert (das *Strahlt* Zudem setzt sich die *Formel-Wort*-Wiederholung an die Stelle dessen, was man in der Psychoanalyse den Wiederholungszwang, das unbewusste Wiederholen nennt. Dieses wird zumindest solange aufgehoben, wie die Übungen der *Analytischen Psychokatharsis* wirken. Ich habe schon im Haupttext angedeutet, dass dadurch eine wesentliche Hürde der klassischen Psychoanalyse vereinfacht und vermindert wird. Wichtig ist, dass es zu einer Katharsis kommt, zu einer Befreiungserfahrung und nicht nur zu einer simplen Entspannung.

Auch was andere Therapieformen und deren Probleme angeht, kann in der *Analytischen Psychokatharsis* meist vereinfacht umgangen werden. Es genügt nämlich nicht mehr, einfach einem Therapeuten oder Meditationslehrer zu glauben und seinen einfachen Anweisungen zu folgen. Man muss heutzutage auch verstanden haben, dass das

Verfahren wissenschaftliche Grundlagen hat und man mit-
denken kann und soll, damit nicht in tieferen Momenten
der Übungen Abhängigkeiten von der Ideologie der Methode, vom Lehrer bzw. Therapeuten oder irrationale
Ängste auftreten. Das *Strahlt* (das Kristalline, Spiegelnde)
der kathartischen Erfahrung ist also aus der Grundkraft des
Wahrnehmungstriebs abgeleitet. Es ist somit etwas, das in
jedem Menschen originär vorhanden ist, genauso wie das
Spricht (das Linguistische, Verlautende).[80]

Nach dem R-A-D-I-C-I-T kann nun
auch das *Formel-Wort* E-N-S-C-I-S-
N-O-M hinzugenommen werden,
denn sollte jemand wirklich Interesse
haben, die analytisch-psychokathar-
tische Methode zu erlernen, sind
wenigstens drei dieser Formulierun-

gen notwendig. Zwei oder gar nur eines würden einen zu
schnell ermüden. In dem in der obigen Abbildung mit
den zusätzlich eingezeichneten Schnittstellen geschriebe-
nen *Formel-Wort* überlappen sich (im Uhrzeigersinn
gelesen) folgende Bedeutungen: Geht man einmal vom

---

[80] In der Psychoanalyse gehen wir davon aus, dass in der Men-
schentwicklung die symbolische Ordnung bzw. die Sprache
eine entscheidende Funktion einnimmt, die die Wahrnehmung
in eine reine Sinnestätigkeit und eine Triebtätigkeit teilt. Die
Sinnestätigkeit ist eine Wirklichnehmung, die Triebtätigkeit
eine Wahrnehmungslust, zusammengefasst sprechen wir von
Wahr-Nehmung. Das Wahre kommt durch die Sprache herein,
die Nehmung durch die Wirklichkeit.

M oben links aus, so heißt MENS CIS NO, der Gedanke diesseits, innerhalb von No, vom N ausgehend:
NOMEN SCIS, du kennst den Namen, OMEN SCIS
N, du kennst das Omen N, CIS NO, MENS, diesseits schwimme ich, oh Geist, ENS CIS NOM, das
Ding diesseits von Nom, C IS NOMEN S, hundert
dieser Name S, usw. So unsinnig einzelne der Bedeutungen auch sind, sie sind doch grammatikalisch und
syntaktisch normal und sogar auch semantisch in Ordnung.

Der Sinn dieser Formulierung besteht ja gerade darin,
dass sie keinen vordergründigen Sinn schon parat hat,
sondern nur das Unbewusste anregt, ja provoziert einen solchen heraus zu geben. Das *Formel-Wort* ist
Sprache am Rande des Sprachlichen. Bei ihm ist exakt
genauso wie im Unbewussten das Wort zerteilt, „wobei jeder Teil, sobald er aufgeschlüsselt wird, eine
neue Bedeutung annimmt."[81] Die Bedeutungen im
ENS – CIS – NOM stellen also perfekt diese linguistische Struktur dar, die Lüge, Versprecher und Zerre-
dung ausschließen und doch Sprache sind. Sprache am
Rande von Sprache, aber eben dadurch gerade kom-
pakt, konkret, vereinfacht bis zur Unkenntlichkeit hin.
Denn der Sinn des Ganzen kann nur darin bestehen,
das unbewusste Sehen wie auch das unbewusste Spre-

---

[81] Lacan, J., Struktur. Andersheit. Subjektkonstitution, August
Verlag (2015) S. 14.

chen aufzuwecken, zu animieren, von sich selbst den Film, das Stück herauszugeben, das die Identität des Betreffenden ist.

Wie betont, kann man diese Bedeutungen gleich wieder vergessen. Sie sind zu disparat, also auf keinen Nenner zu bringen. Denn übt man sie in dem einheitlichen Schriftzug, wird man niemals den bitteren Tod mit dem zerstückelten Wachs und dem hundertfachen Beginnen in einem Sinngehalt zusammenbringen. Wichtig ist nur zu verstehen, wie die *Formel-Worte* aufgebaut sind, so dass man wissenschaftlich-intellektuell das Verfahren jeder Zeit hinterfragen kann. Kommen irgendwelche Gefühle oder Ideen hoch, die unpassend sind oder Angst machen, kann man nachdenken oder sich weiter über das Verfahren belesen. Blinder Glaube ist nicht gefragt.

Bei der zweiten Übung wird nunmehr auf genau dieses *Spricht*, dieses Körper-Echo, also auf einen von oben / rechts im Kopf her kommendes Verlauten, auf einen Ton, Laut, aus dem tiefen Inneren geachtet. Es sind schließlich Buchstaben, die aus diesem ‚typographischen' Raum herausklingen und die das Unbewusste dort gespeichert hält. Und genau in diesen Raum sind die *Formel-Worte* eingedrungen und haben die Buchstaben in ihrer B(r)uchstabenhaftigkeit geweckt und evoziert. Auch hier wieder gilt das Gleiche: es handelt sich um einen ganz originären Aspekt des Entäußerungs- bzw. Sprechtriebes, der in jedem Menschen als Primärprozess vorhanden ist und im Unbewussten sogar die Form ganz knapper, kompakter „innerer Sätze", „ultrareduzierter Phrasen" annimmt (alles Begriffe Lacans für diese lautliche Erfahrung).

Auch hier können anfänglich nur ein feines Rauschen, ein ferner Laut oder Ähnliches wahrgenommen werden können, der Übende wird jedoch von Anfang an bemerken, dass es sich hier um eine Konzentration auf ein mehr oben-rechts oder oben-zentral im Kopf befindliches Hör-Sprechsystem handelt, zu dem die Echos des Körpers Beziehung haben, auf die hier zurückgegriffen wird. Auch wenn das eigentliche Hör-Sprechsystem im Kopf linksseitig angelegt ist, ist eben rechtsseitig das mehr rudimentäre, musikalische und der Regression besser zugängliche Hör-Sprechsystem vorhanden, und seine Echostruktur deutlich zu sehen. Dazu passen dann eher die kurzen Phrasen der *Pass-Worte*, während bei den längeren das linksseitige System (psychoanalytisch: das Vorbewusste) eine Rolle spielt.

Ich erwähne nochmals zwei Beispiele, die am besten demonstrieren können, um was es sich bei der zweiten Übung und den damit verbundenen *Pass*-Worten handelt. Einer meiner Patienten, der dieses Verfahren mit den *Formel-Worten* übte, hatte plötzlich bei der zweiten Übung die Eingebung oder den ihm selbst befremdlichen und tatsächlich auch von seiner Art und Begrifflichkeit her aus dem ‚Ton' sich entwickelnden, seltsamen Gedanken: „Brauch einen Reiseschreibschein". Eine – wie Lacan es nennt – „ultrareduzierte Phrase" aus seinem Unbewussten, dessen Bedeutung ihm jedoch schnell klar war. *„Das ist etwas aus* *mir, ich habe den Schreibschein, der mir erlaubt meine Reisen zu schreiben, die Reisen in und außerhalb von mir"* Er hatte nicht nur Probleme mit dem Reisen, sondern auch schon lange das Gefühl, dass er davon etwas aufschreiben müsse. Aber nicht nur das beschäftige ihn, für ihn war auch sofort klar, dass es um eine Reise in sein eigenes Inneres gehen und dass er davon schreiben sollte. Hätte ihm das jemand einfach so gesagt, es ihm nur als guten Rat vermittelt, hätte ihn dies nicht weiter beeindruckt. Aber gerade so ein etwas seltsamer Gedanke und etwas so spontan, wie fremd, wie von weit her in ihm auftauchend, beeindruckte ihn. Schließlich war es ja eine direkte Antwort aus seinem Unbewussten, die durch die Übungen mit den *Formel-Worten* entstanden war. Wie beim Freud´schen Versprecher drückt sich ja das unbewusst Gemeinte viel stärker und oft auch skurriler aus, als des Bewusste, und bahnt sich so einen Weg durch die Alltagsgedanken. Und so auch das durch die Übungen angeregte unbewusste Denken, das letztlich einen ja ins Bewusstsein drängenden Charakter hat.

Ein anderer meiner Patienten, der also mit dem *analytisch psychokathartischen* Verfahren schon länger übte, hatte beim Üben einmal den Gedanken oder die ‚Eingebung‘, wie er es nannte in Form eines besonders kurzen Ausdrucks: „Atemgemerkt". Nur dem Übenden selbst war die Bedeutung dieser Aussage sofort klar. Einem Außenstehenden würde sie wohl nicht viel sagen. Dieser Proband beschäftigte sich jedoch schon einige Zeit mit dem Atemvorgang, der ja bekanntlich in Meditation, Yoga oder bei sogenannten Atemtherapien eine große Rolle spielt. Auch im religiösen Mythos findet sich der Atem häufig erwähnt: Gott haucht mit seinem Atem dem Menschen seine Seele ein. Dagegen weisen wir in der Psychoanalyse dem Atem nicht die entscheidende Rolle eines psychisch besetzbaren Objektes zu, sondern eher die einer Grundidentität. „ich bin der, als der ich atme", meinte Lacan einmal.

Genau damit beschäftigte sich mein Proband, führte aber auch Atemübungen durch. Nun zeigte ihm dieser seltsame Spruch vom „Atemgemerkt" zweierlei: erstens, dass es nicht um den physiologischen Atem geht, sondern um ein Gedächtnis dieses Hauchs, um ein Körperbild der Luftbewegung, um ‚Prana', wenn ich das indische Wort nochmals benutzen darf. Denn hier wird auf das „Sich-Gemerkt-Haben" des Atems hingewiesen und zwar von innen heraus, von ihm selbst, so als habe dieser Atem zu ihm selbst gesprochen. Das Gedächtnis (*Strahlt)*, seines nur gehauchten Echos (*Spricht*) hat meinem Probanden gezeigt, was man früher dem alles durchdringenden Pneuma gemeint hat, und dass es etwas mit seiner primärsten Wahrnehmung zu tun hat. Einer „kinästhetischen" Wahrnehmung, wie Psychologen und Neurologen auch sagen.

Und zweitens hat er erfahren, dass es etwas gibt, das nicht nur existiert, Dasein hat, Spiegelung ist, sondern mit ihm redet, das aus ihm heraus *Spricht*, vielleicht sogar sein Innerstes ausdrückt. Niemand sonst hätte ihm so etwas vermitteln können. Kein noch so guter Freund, kein noch

so bekannter Wissenschaftler hätte ihm diesen für ihn kathartischen und analytischen Inhalt geben können, so seltsam dieser auch geklungen haben mag.

Es gibt etwas, was sich den Atem gemerkt hat, der Atem
als Gedächtnis, als „ideales Objekt" (nur für den Übenden
selbst allerdings entfaltet dieses Objekt seine volle Wirkung). Es ist der „Atem", betonte er auch, „der nie aussetzen kann, der nie versiegen wird, und dafür benötigt man
keine Atemübungen. Es ist falsch, den Atem durch Übungen zu steuern, wie ich das bisher gemacht habe". Er habe
bei ‚Breathwork', eine Atem Methode gelernt, in der der
Atem in den Bauch nach unten gelenkt werden soll. Lun-
genfachärzte raten von diesem Vorgehen ab, da man die
natürliche Atemsteuerung aus dem Gleichgewicht bringt,
was sich negativ auf den Körper auswirkt. Die Triebe
kommen nie völlig isoliert vor, sie sind „atemgemerkt", d.
h. ursprünglich nicht an ‚Objekte' gebunden. Denn die
‚Objekte' des Begehrens nehmen nur den Platz dessen ein,
was dem Subjekt symbolisch versagt ist, wo dem Subjekt
der Atem genommen wurde – übertragen ausgedrückt.

Wenn man sich über Psychoanalyse etwas allein durch
Lesen informiert, auch sonst ein wenig Kontakt zu literarischer, wissenschaftlicher und sonstiger Kultur hält, und
auch den vorliegenden Text studiert und einen Versuch mit
den Übungen gemacht hat, kurz: ein bisschen Bildungs-
bürger ist, wird man die oft sofort einsehbaren *Pass-Worte*
richtig deuten. So schreibt Freud, dass man sogar manche
Träume, die ja nun viel entstellter sind als die *Pass-Worte*,

und die ja auch unmittelbar vom Symbolisch-Realen her kommen, direkt vom „Blatt weg ablesen" könnte. Man braucht nicht mehr den Träumer nach Einfällen dazu zu befragen und umständliche Interpretationen anzubringen.

Und noch ein letzter Hinweis, nach dem oft gefragt wird. Bemerkt man bei der Anwendung der *Analytischen Psychokatharsis*, dass der *Strahlt*-Anteil beim Üben zu stark ausfällt, wechselt man zur *Spricht*-Übung und umgekehrt. Ansonsten sind beide Übungen jeweils nur für etwa zwanzig Minuten durchzuführen. Der Wechsel von praktischer Erfahrung und theoretischem Denken ist wichtig, weil am Ende etwas Gemeinsames herauskommen wird: eine gedankliche Selbsterfahrung, eine praktische Logik, eine kathartische Analyse. Letztendlich finden beide Übungen zu einem inneren ‚Auftrag', einer Gewissheit, auch am Verfahren mitwirken zu können.

Andererseits habe ich bereits beschrieben, dass man manchmal nicht nur in Gedanken vom meditativen Vorgang abweicht. Manchmal weicht man sogar zwischen den einzelnen *Formel-Worten* zu Bildern, Erinnerungen, zu einem Gemisch von beiden und zu *Pass-Worten* ab, und kehrt doch wieder zum *Formel-Wort*-Reverberieren zurück. Der Fortgeschrittene wird dies durchaus als bereichernd erfahren, denn er lässt sich nicht in eine einseitige *Strahlt*- oder *Spricht*-Richtung verführen, sondern bleibt beim Fortschreiten in der engen Kombination der beiden Grundtriebe, Grundprinzipien, des Spiegel- und Echodiskurses. Und nochmals: neben einer Heilung von Störungen besteht das Ziel darin, an einer Weiterentwicklung des Verfahrens mitzuwirken.

Denn so wie Freud von der ‚Laienanalyse' sprach, weil er nicht nur Akademiker in seinen Reihen haben wollte, gilt für die *Analytische Psychokatharsis* das Argument, das Verfahren nicht von Berufen und Titeln abhängig zu machen, noch viel mehr. Analytiker sind weltweit bis heute nur Ärzte und Psychologen mit universitärer Ausbildung. Hier ist man dem Vater der Psychoanalyse nicht gefolgt, obwohl eine solche Gefolgschaft in den wesentlichen Punkten doch gefragt ist. Aber Wissenschaftler kann man auch außerhalb der Universitären werden, was zudem helfen würde, den scholastischen, universitären Diskurs wirklich zum analytischen Diskurs zu machen.

Literaturverzeichnis

Baggini, J., Ich denke, also will ich, dtv (2016)

Barkhaus, A., Mayer, M., Identität, Leiblichkeit, Normativität, Suhrkamp (1996)

Bauriedl, T., Beziehungsanalyse, Suhrkamp (1993)

Benthien, C., Wulf, Ch., Körperteile, Rowohlt (2001)

Bezzel, C., Wittgenstein, Junius (1996)

Breuer, R., Immer Ärger mit dem Urknall, Rowohlt (1993)

Brockman, J., Vogel, S., Wie funktioniert die Welt?, Fischer Taschenbuch (2013)

Byung-Chul Han, Die Austreibung des Anderen, Fischer Wissenschaft (201)

Byung-Chul Han, Die Errettung des Schönen, Fischer Wissenschaft (201)

Camus, A., Der Mythos des Sisyphos, Rowohlt (2018)

Camus, A., in Mythos Prometheus, Reclam Verlag (1995) S. 144-47

Carnap, R., Einführung in die Philosophie der Naturwissenschaft (1969)

Damasio, A. R., Descartes` Irrtum, Dtv (1997)

Dennet, D. C., Von den Bakterien zu Bach – und zurück, Suhrkamp (2018)

Davies, P., Gott und die moderne Physik, Bert. M. (1986)

Eccles, J. C., Gehirn und Seele, Piper (1987)

Eichmeier, J., Höfer, O., Endogene Bildmuster, U&S – Verlag (1974)

Fischer-Lichte, E., Performativität: Eine Einführung, transcript (2012)

Freud, S., Studienausgabe, Fischer (1989)

Goel, B. S. Meditation und Psychoanalyse, Ariston (1989)

Görz, G., Einführung in die Künstliche Intelligenz, Addison-Wesley (1996)

Harari, Y. N., Homo Deus, C. H. Beck (2017)

Heidegger, M., Unterwegs zur Sprache, G. Neske (1959)

Hilbrecht, H., Meditation und Gehirn, Schattauer (2010)

Hofstadter, D., Die Analogie, Klett-Cotta (2014)

Horgan, J., An den Grenzen des Wissens, Luchterhand (1997)

Jacobs, A., Schrott, R., Gehirn und Gedicht, Hanser (2011

Jakobson, R., Semiotik, Suhrkamp (1988)

Jakobson, R., On Language, Harvard University Press (1995)

Jung. C.G., Gesammelte Werke, Walter (1983)

Kant, I., Kritik der reinen Vernunft, Reclam (1966)

Kluge, F., Etymologisches Wörterbuch, W. de Gruyter (1989)

Lacan, J., Schriften I - III, Walter, (1975)

Lacan, J., Seminare I,I, VII, XI, XX, Quadriga (1980-1995)

Lacan, J., Seminaire Nr. III, Iv, VIII, XVII, Edition Seuil (1981-1994)

Lacan, J., Die Bildungen des Unbewussten, Turia & Kant (2006)

Lacan, J., Mitschriften der Seminare,VI,IX,X,XII,XV, B.R.L.F., Strasbourg

Laplanche, J., Pontalis, J. B., Das Vokabular Der Psychoanalyse, Suhrkamp (1989)

Leakey, R., Die ersten Spuren, Goldmann (1999)

Linke, D., Kunst und Gehirn, Rowohlt (2001)

Maar, C., Pöppel, E., Christaller, T., Die Technik auf dem Weg zur Seele, Rowohlt (1996)

Merleau-Ponty, M., Das Sichtbare und das Unsichtbare, Fink Verlag (1994)

Pinker, S., Der Sprachinstinkt, Kindler (1996)

Plato, Sämtliche Werke, Insel Verlag (1991)

Popper, K. R., Eccles, J. C., Das Ich und sein Gehirn, Piper (1989)

Potthoff, P., Die Begegnung der Subjekte, Psychosozial-Verlag (2014)

Radisch, I, Camus, Rowohlt (2013)

Roazen, D., Der innere Sinn, Archäologie eines Gefühls, Fischer (2012)

Roheim, G., Die Panik der Götter, Kindler (1975)

Rosset, C., Das Reale in seiner Einzigartigkeit, Merve (2000)

Rüdinger, D., Perrez, M., Anthropologische Aspekte der Psychologie, O. Müller (1979)

Rudgley, R., Abenteuer Steinzeit, Kremaye & Scheriau (2001)

Schmidt-Hellerau, C., Lebenstrieb & Todestrieb, Libido & Lethe, Verlag Intern. Psychoanalyse (1995)

Searle, J. R., Geist, Hirn und Wissenschaft, Suhrkamp (1992)

Seidler, G. H., Der Blick des Anderen, Verlag Intern. Psychoanalyse (1995)

Sinz, R., Gehirn und Gedächtnis, Fischer Utb (1981)

Strowik, E., Sprechende Körper, Fink-Verlag (2009)

Thompson, R. F., Das Gehirn, Spectrum (1994)

Thorne, K. S., Gekrümmter Raum und Verbogene Zeit, Knaur (1996)

Tipler, F. J., Über die Omegapunkttheorie, Piper (1994)

Uexküll, Th., Fuchs, M., Subjektive Anatomie, Schattauer (1994)

Weiss, Der Andere in der Übertragung, Frommann-Holzboog, (1988)

Weizsäcker, C. F. von, Die Einheit der Natur, Dtv (1995)

Weinberg, S., Der Traum von der Einheit des Universums, Bertelsmann (1993)

Weizenbaum, J., Die Macht der Computer, Stw (1977)

Wiener, O., Probleme der Künstlichen Intelligenz, Merve (1990)

Wilhelm, R., Informatik, C.H.Beck (1996)

Wilson, E. O., Der Wert der Vielfalt, Piper (199

Wolf, F. A., Die Physik der Träume, Byblos (1996)

Wygotski, L.S., Denken und 'Sprechen', Fischer (1981)

Virilio, P., Die Sehmaschine, Merve Verlag (1989)

Webseite des Autors: analytic-psychocatharsis.com

Weitere Bücher des Autors aus dem MCS-Verlag

Analytische Psychokatharsis

Psychoanalytische Theorie und kathartische Meditation können nicht einfach ineinander überführt werden. Setzt man beide Verfahren aber durch ein entscheidendes Element (einen „linguistischen Kristall") in Beziehung, lässt sich ein eigenes neues Verfahren begründen. Die Psychoanalyse und die meditativen Methoden werden diskutiert, und die Praxis des eigenen Verfahrens wird ausführlich beschrieben.

Die Revolte des Selbst

Die klassische Methode der Analyse des Unbewussten stellt eine zu theoretische Revolte des Selbst dar. Um in der Praxis Erfolg zu haben bedarf es eines direkteren selbstanalytischen Verfahrens, das jeder aus sich selbst heraus entwickeln kann. Formulierungen, die in einem einzigen Schriftzug mehrere Bedeutungen enthalten, können das Unbewusste jedes Einzelnen durch mentales Üben aufbrechen und zu sich selbst befreien.

Überwältigt

Manchmal spielen in der Psychoanalyse Überwältigungen durch die therapeutische Situation eine Rolle. Momente, in denen sich Übertragung und Gegenübertragung bis zu einem Kipppunkt aufschaukeln, können eine besonders positive Wirkung haben. Auch im Yoga und in Meditation kann dies erfolgen, was eine eigene Methode ermöglicht und ausführlich geschildert wird

SIGNIFIKANT Gott?

Schon die unterschiedliche Groß- Kleinschreibung provoziert, dass der SIGNIFIKANT (Bezeichner, Bedeutender), ein Begriff aus der Linguistik, wichtiger sein könnte, als die altehrwürdige Vokabel Gott. Der Autor zeigt, dass Jesus ein Vorläufer der modernen Psychotherapie war und somit sein Vorgehen auch für die heutige Psychoanalyse genutzt werden kann.

Liste weiterer Werke des Autors im MCS-Verlag

Herz-Sprache, Eine Psychoanalyse des Herzens

Politik / Therapie, Begreifen, was man schon weiß - wie Politik therapeutisch zu denken wäre

Das autochthone Genießen, Essays zu einem neuen selbstanalytischen Verfahren

Zweimal den Tod überlisten, Ein Traktat zu Sisyphos

Siddharthas Wiederkehr, Ein wissenschaftlicher Roman – eine Anregung zur Selbstanalyse

teetrunken, Bergwandern, Meditieren, Wissenschaft betreiben – Essays von dreiteilig einigen Menschen

Nach Lacan, Über Physik, Psychoanalyse und die Metapher des Genießens – eine Selbstpraxis

interhot, Gespräche mit dem Unbewussten

Vater seiner Selbst, Die ‚logische Selbststruktur‘ als erlernbar therapeutischer Weg, die eigene Identität zu finden

Das Gerade und das Gekrümmte, Die Behandlung einer Psychose

Die Mathematik des Eros, Die ‚perfektoiden Räume‘ des Unbewussten – eine Selbstpraxis

Die körperlich kranke Seele, Eine Broschüre zu Theorie und Praxis der *Analytischen Psychokatharsis*

Platons Lieb-ido, Ein wissenschaftlicher Roman – eine Überredung zur Selbsttherapie